Bartel F. Sinhuber
ALLES WALZER

Bartel F. Sinhuber
ALLES WALZER

Die Wiener Seele in Geschichten und Anekdoten

Europa Verlag München – Wien

Die Deutsche Bibliothek – CIP-Einheitsaufnahme

Sinhuber, Bartel F.:
Alles Walzer : die Wiener Seele in Geschichten und Anekdoten /
Bartel F. Sinhuber. - München ; Wien : Europaverl., 1997
ISBN 3-203-82009-9

Lektorat: Afra Margaretha

Umschlaggestaltung: Wustmann und Ziegenfeuter, Dortmund

© Alle Rechte beim Europa Verlag GmbH, München, Wien 1997
Herstellung: Ebner Ulm, Ulm
Printed in Germany
ISBN 3-203-82009-9

Inhalt

Was wissen Sie, lieber Leser, von Wien? 7

Das Wien des Doktor Freud 9

Die Kaffeehaus-Revolutionäre 16

Die Welt von gestern 27

Ein bissl was geht (n)immer 37

Babylonisches Labyrinth 48

Von Darstellern und Selbstdarstellern 58

Kennen Sie eine lustige Musik? 70

Des Reiches größtes Wirtshaus 80

Was eine »Hetz« ist 96

Wien – Chicago und zurück 105

Ich oder ich? 110

Alles Walzer 119

Der Autor 128

Was wissen Sie, lieber Leser, von Wien?

Besuchen Sie diese Stadt, und Sie werden feststellen: Alles, was Sie bisher über Wien gehört haben, gibt es hier tatsächlich, von den Ausmaßen eines den Tellerrand überragenden Wiener Schnitzels in jedem zweiten Ecklokal über die berühmte Torte im Hotel Sacher bis zu den originellen Fiakern mit »Melone« und Gilet, den Lipizzanern, den Sängerknaben, dem Wiener Walzer und der »Schrammelmusik« beim Heurigen. Und dergleichen wird keineswegs extra für Touristen aufgeboten, nein – die Wiener selbst sind immer mit von der Partie.

Die echte Wiener Gemütlichkeit kann man als Tourist »besichtigen« wie das Riesenrad im Prater, die Kaisergruft oder den Stephansdom. Alle Klischees findet man bestätigt, nicht zuletzt, weil sie von den Wienern sorgsam gepflegt werden. Wien ist genau so, wie man es aus Hans-Moser-Filmen kennt und wie sich Peter Alexander im Fernsehen präsentiert.

Doch die Stadt selbst wirbt mit dem Slogan »Wien ist anders«. Wie »anders«? Schließlich weiß man, daß jede Stadt ihre eigene Geschichte und ihre eigenen Denkmäler hat. Es bleibt der Eigenheit von Friedrich Torbergs berühmter Tante Jolesch vorbehalten zu behaupten: »Alle Städte sind gleich – nur Venedig is e bissele anders.«

In diesem Fall ist »anders« offenbar im Sinne von »mehr« gemeint. Wien ist anders und mehr als seine Klischees, seine weltbekannten Wahrzeichen und Aushängeschilder. Natürlich gibt es die, aber dahinter verbirgt sich etwas, was der Besucher nicht im Baedeker findet.

Der Fremde, der einige Zeit in Wien lebt, kommt bald darauf: Das Bemerkenswerte an dieser Stadt sind seine Bewohner. Man muß schon das Wort Robert Musils hernehmen, daß es zwar Wahrheiten, aber keine Wahrheit gibt, wenn man den Versuch wagen will, die Eigenschaften des Wieners zu definieren. Sie sind einerseits so charakteristisch, daß man sie gern in dem Begriff »Wiener Charme« zusammenfaßt, sie sind aber andererseits viel mannigfaltiger und zugleich erstaunlich widersprüchlich: großzügig und schlampig, diplomatisch und indifferent, einfühlsam und oberflächlich, herzlich und unzuverlässig oder weltläufig und großspurig. Doch wie der Wiener all das auf eine unnachahmliche Art zu einer Symbiose zusammenfügt, das macht das Wienerische aus.

Wenn Sie ein musikalisches Ohr haben, vergleichen Sie einen Walzer, gespielt von einem Wiener Salonorchester und einer niedersächsischen Kurkapelle. Den Unterschied findet man nicht in den Noten und hört ihn doch: Die Wiener Musiker werden einen Hauch mehr an Betonung auf das zweite Viertel des Dreivierteltakts legen. Und erst dieses kaum spürbare Verschleifen im Spiel macht den Walzer zum »Wiener Walzer«, in dem sich die ganze Seele dieser Stadt offenbart.

Und so wie mit dem Walzer ist die Sache bei allen Wiener Einrichtungen, vom Schnitzel bis zum Heurigen. Wenn Sie also die Geheimnisse der Wiener Seele kennenlernen wollen, dann folgen Sie mir in

Das Wien des Doktor Freud

Der erfahrene Reisende wird sich in der Regel der *urbs incognita* über die Lektüre nähern, er erwirbt einen Führer, um sich über die Sehenswürdigkeiten in der ihm noch unbekannten Stadt zu informieren, er studiert Fahrpläne, Hotelverzeichnisse und Gourmetführer. Das ist gewiß sinnvoll und notwendig, um den Aufenthalt so angenehm und effektiv wie möglich zu gestalten. Jeder einigermaßen verantwortungsvoll erarbeitete Städteführer klärt seine Leser nicht nur über die Standorte von Theatern und Museen, sondern auch von Postämtern und Krankenanstalten auf.

Weniger erschöpfend sind dagegen die Informationen über die Bewohner, über ihre Sitten und Gebräuche, ihre Vorlieben und Abneigungen, kurz ihre psychologischen Eigenheiten und mentalen Eigenschaften. Dabei sind es doch vor allem die Bewohner, die den Charakter einer Stadt prägen. Was wäre eine Stadt ohne ihre Einwohner? Berlin, Prag, Paris oder Wien sind nicht Pompeji.

Der Fremde, der Wien und die Wiener kennenlernen möchte, muß sich zuerst einmal in die Vergangenheit dieser Stadt versetzen, denn alles, was er hier sieht, hört oder schmeckt, hat einen historischen Hintergrund, und wer sich in diesen Hintergründen nicht einigermaßen auskennt, unterliegt der ständigen Gefahr von Mißverständnissen.

Eines dieser Mißverständnisse ist der Eindruck, Wien sei irgendwie rückständig und seine Bewohner allesamt Nostalgiker. Weit gefehlt! Wien ist durchaus – auch – eine moderne Stadt. Im Gegenteil: In Wien hat »die Moderne« eine beachtliche Tradition, die man mindestens hundert Jahre zurückverfolgen kann. Man denke nur an die »Wiener Schule der Medizin«, an die Architektur eines Otto Wagner und Adolf Loos, an Kafka (der hier starb), Broch und Musil, an die Zwölfton-Setzer Hauer und Schönberg, an Klimt und Schiele, an die Wissenschaftler des »Wiener Kreises« oder an Sigmund Freud.

Bleiben wir in der Zeit, in der »die Moderne« in Wien reüssierte, die Wende zum 20. Jahrhundert und die ersten Jahrzehnte danach. Es ist jene Zeit, in der die Psychoanalyse in der Berggasse 19 erfunden wurde. Dort am Alsergrund lebte und praktizierte der Doktor Freud von 1891 bis 1938. Freud war 1856 im mährischen Freiberg, dem heutigen Příbor, als Sohn eines jüdischen Stoffhändlers geboren worden. Drei Jahre später übersiedelte die Familie (wie viele Ostjuden in den folgenden Jahrzehnten) nach Wien.

Wien wuchs damals in einem rasanten Tempo. Die industrielle Expansion in der zweiten Hälfte des 19. Jahrhunderts lockte Zuwanderer aus allen Gebieten der Monarchie in die Hauptstadt. 1850, als die Vorstädte zwischen Ring und Linienwall (der heutigen Gürtel-Linie) eingemeindet wurden, zählte die Stadt 431.000 Einwohner. 1893 hatte sich diese Zahl verdoppelt, dazu kamen mehr als eine halbe Million Einwohner aus den nun eingemeindeten Vororten. Bis zur Jahrhundertwende erhöhte sich die Zahl dann auf 1,648 Millionen und betrug nach dem Ende der Monarchie 1918 über zwei Millionen.

Die Probleme dieser Zuwanderung ähneln jenen, die hundert Jahre später nach dem Fall des Eisernen Vorhangs auftreten sollten. Die soziale Situation der Neuankömmlinge war erschreckend, insbesondere die der armen, aus dem Osten stammenden orthodoxen Juden, die sich vornehmlich in der zwischen Donaukanal und Donau liegenden Leopoldstadt, der sogenannten Mazzesinsel, ansiedelten. Wohnungsnot und Arbeitslosigkeit erzeugten Fremdenhaß und Antisemitismus.

Georg Ritter von Schönerer, ein Großgrundbesitzer aus dem Waldviertel und deutschnationaler Reichsratsabgeordneter, plädierte für Deutsch als alleinige Staatssprache und 1876 (!) für die »Wiedervereinigung mit Deutschland«. Als größten Feind seiner nationalen Ideen sah er das Judentum, und seinen rabiaten Antisemitismus übte er nicht selten handgreiflich aus. Er fehlte bei keinem Krawall und Straßenkampf und drang 1888 mit einigen Parteigängern sogar in die Redaktion des *Neuen Wiener Tagblatts* ein, um dort jüdische Journalisten zu verprügeln.

Nur ein Mann vermochte der Führerfigur des Antisemitismus Paroli zu bieten, der charismatische Christsoziale und spätere Bürgermeister Dr. Karl Lueger, der mit antisemitischen Wahlreden den Deutschnationalen Stimmen wegnahm. Sein Erfolg und seine Popularität als Bürgermeister beruhten später allerdings nicht auf antisemitischen Repressalien. Von ihm stammt der bekannte Ausspruch: »Wer Jude ist, bestimme ich.«

Just zu dieser Zeit weilte ein junger Maler in Wien, der erfolglos versuchte, als Schüler in die Kunstakademie aufgenommen zu werden. Als aus der Malerkarriere nichts wurde, erkor er den antisemitischen Rabauken aus dem Waldviertel zu seinem Propheten, ging nach Deutschland und bereitete den Weltuntergang vor. 1938 kehrte er als der »Führer« Adolf Hitler nach Wien zurück.

Die Taktik des Dr. Lueger, dem Gegner den Wind aus den Segeln zu nehmen, indem man sich seine Argumente aneignet, ohne sie letztlich zur Prämisse des eigenen Handelns zu machen, ist nicht neu, wird aber wohl nirgends so geliebt und mit einer solchen Kunstfertigkeit betrieben wie in Wien. Nur kurzsichtige Betrachter kommentieren das als »Umfaller« oder »nach dem Munde reden« oder gar als »Falschheit«. Der Wiener weiß, daß auf Umwegen oder durch bestimmte Umstände, die gegebenenfalls erst zu schaffen sind, ein Ziel sicherer und bequemer zu erreichen ist als durch jede das Klima vergiftende Konfrontation. Einer offenen Feindschaft geht er, wo immer er kann, aus dem Weg.

Der bayerische Komponist Richard Strauss, der mit dem *Rosenkavalier* die wienerischste Oper geschrieben hat, wußte um diese Mentalität. Als er 1919 in die Direktion der Wiener Staatsoper berufen wurde, warnte man ihn: »Nach Wien wollen Sie gehen? Ausgerechnet nach Wien, wo die Leute so falsch sind?« – »Falsch«, erwiderte Strauss, »falsch sind die Leute überall, aber in Wien, da sind sie halt so angenehm falsch.«

Es ist die Stadt der Revolutionäre, doch nicht die Stadt der Revolutionen. Zahlreiche Erfindungen und Neuerungen wurden hier oder doch von Wienern gemacht, durchgesetzt haben sich die meisten davon an anderen Orten. Die Psychoanalyse Sigmund Freuds ist das deutlichste Beispiel. Fast hundert Jahre mußte sie in Wien um ihre offizielle Anerkennung – nämlich bei den Krankenkassen – kämpfen. Eine typisch österreichische Erklärung hierfür lieferte der Wiener Schriftsteller György Sebestyén: »Der eklatante Mißerfolg der Psychoanalyse in ihrem Geburtsland hängt zweifellos mit dem weitverbreiteten Brauch des Heurigenbesuchs zusammen, der sie weitgehend überflüssig macht.«

Demgegenüber stellte Erwin Ringel fest, daß es kaum ein Land gäbe, in dem die Neurose so »blüht« wie hier: »Ich will das Verdienst Freuds, dieses einmaligen Genies, wahrlich nicht schmälern, aber es ist nicht schwer, in diesem Land die Neurose zu entdecken.« Und der Wiener Professor Ringel wußte, wovon er redete – er war von Beruf Psychotherapeut.

In seiner hier zitierten »Neuen Rede über Österreich« (in Anlehnung an Anton Wildgans' berühmte »Rede über Österreich«) outet Ringel den von 1848 bis 1916 regierenden Kaiser Franz Joseph I. als einen Neurotiker, in dem »die ganze Selbstbeschädigungs- und Vernichtungstendenz dieses Landes in einmaliger Weise komprimiert in Erscheinung getreten« sei. Die ärztliche Diagnose mag etwas dubios sein, weniger dagegen die Folgerung, daß die kaiserliche Neurose »Ausdruck einer Statik, einer Fixierung an das Bestehende (sei), die konsequenterweise jede verändernde Entwicklung verunmöglicht.«

Daß Franz Joseph seine 52 Millionen Untertanen weniger regiert als verwaltet hat, wird kein Historiker bestreiten. Bis zu seinem Tode scheute er sich, in so ein neumodisches Automobil zu steigen, und zog die Pferdekutsche vor. Das Gewohnte, Althergebrachte schätzte er als vertraut, alles Neue oder gar »Modische« machte ihn mißtrauisch. Er sah sich als der »erste Beamte« seines Reiches, dessen Nachfolgestaat seine Beamten bis auf den heutigen Tag privilegiert.

Alles, was in den 68 Jahren seiner Regierungszeit geschah, hat nicht er bewirkt, sondern wurde ihm aufgedrängt, was ihm zuletzt den Seufzer entrang: »Mir bleibt nichts erspart.« Als Kaiser bewegte er nichts; was er tat, war Reaktion. So verwaltete er den Untergang der Monarchie. Durch eine Revolution war er an die Regierung gekommen (1848 mußte sein Onkel Ferdinand I. abdanken), aber in den ganzen Jahren seiner Herrschaft, in denen sich so viel Revolutionäres um ihn und unter ihm ereignete, gab es keine einzige Revolution. In den Augen seiner Untertanen war allein schon diese Tatsache eine Garantie für Ruhe und Ordnung.

Nicht nur seine konservativen Charakterzüge, sein Festhalten an überkommenen Strukturen, sondern auch seine lange Regierungszeit machten den Kaiser zu einem Symbol der Beständigkeit. Er war es, der die Monarchie, den Verband der Kronländer zusammenhielt. Weil er schließlich der Souverän aller in der Monarchie vertretenen Nationen war, schätzte man seinen Stellenwert höher und mächtiger ein als die immer stärker aufbrechenden Nationalitätenkonflikte, die er nicht zu lösen vermochte, ja er brauchte sie nicht zu lösen, weil er darüberstand.

Die Tatsache, daß es die Monarchie (noch) und einen so lange regierenden Herrscher gab, schien Sicherheit zu bieten. Daß diese Sicherheit nur eine scheinbare war, wurde seinen Untertanen nicht etwa beim Ausbruch des Ersten Weltkrieges, einem Fanal für den bevorstehenden Untergang, bewußt, sondern erst zwei Jahre später beim Tod Kaiser Franz Josephs. Doch da war es, wie man weiß, für Rettungsversuche bereits zu spät. Unter heftigen Geburtswehen erstand aus der zerborstenen Monarchie die Erste Republik.

Das Merkwürdige aber ist, daß dieser markante Einschnitt in das politische, gesellschaftliche und soziale Leben von vielen Wienern nicht wirklich zur Kenntnis genommen wurde. Noch in der Rückschau konstatiert Friedrich Torberg 1966: »Die Geschichtsbücher, mit gewohnter Oberflächlichkeit, legen diesen Untergang auf das Jahr 1918 fest. In Wahrheit ist er erst 1938 erfolgt.« Es ist das Datum, an dem Österreich völlig von der politischen Landkarte verschwand.

Auch Sigmund Freud ist ein Zeuge dafür, daß man das Ende der Monarchie in Wien nur bedingt zur Kenntnis nahm. 1918 schrieb er: »Österreich-Ungarn ist nicht mehr. Anderswo möchte ich nicht hin. Emigration kommt für mich nicht in Frage. Ich werde mit dem Torso weiterleben und mir einbilden, daß es das Ganze ist.« 1938 sollte sich der 82jährige Freud nach langem Widerstreben doch entschließen, in die Emigration zu gehen. Und zu seinem eigenen Erstaunen fühlte er sich in England, wo man ihn mit allen Ehren empfangen und er ein eigenes kleines Haus mit Garten zur Verfügung hatte, ungemein wohl, so daß er meinte: »Mir geht es in der Emigration so gut, daß ich versucht bin, ›Heil Hitler!‹ zu rufen.«

Nach dem Ersten Weltkrieg wurde nicht nur das Kaisertum abgeschafft, sondern im Gegensatz zu Deutschland der Adel überhaupt. Seitdem führt der Adel in Österreich bis heute eine Art Doppelleben. Seine Mitglieder pflegen in ihrer Brieftasche zweierlei Visitenkarten zu haben: eine, auf der lediglich der Name vermerkt ist, für offizielle Gegebenheiten, und eine mit dem Adelstitel für den privaten Gebrauch.

Auch das Bürgertum wollte nicht ganz ohne Adel leben und erfand damals die Witzfigur des Grafen Bobby, der allerdings nur eine bestimmte Erscheinungsform des Adels verkörpert, eine Art »hochgeborene« Einfalt. Daß dieser Graf Bobby natürlich ebenfalls das Ende der Monarchie nicht zur Kenntnis genommen hat, ist wesentlicher Bestandteil des Witzes: Graf Bobby sitzt auf einer Bank im Prater, und an ihm vorbei eilen ungewohnt große Menschenmassen. Als er sich wundert, was all diese Leute im Prater wollen, klärt ihn sein Freund Rudi auf, daß im Praterstadion ein Ländermatch stattfindet. »Ah so«, näselt Graf Bobby, »und wer spielt?« – »Österreich – Ungarn.« – »So, so – und gegen wen?«

Die Kaffeehaus-Revolutionäre

Von 1907 bis zum Ausbruch des Ersten Weltkriegs lebte der in Rußland verfolgte Revolutionär Leo Trotzki unter seinem wirklichen Namen Lew Bronstein in Wien. Als leidenschaftlicher Schachspieler im Café Central war er eine fast stadtbekannte Figur. Ebenso bekannt war, daß er dort, wenn er nicht gerade Schach spielte, seine revolutionär-sozialistischen Ideen erläuterte, was allerdings weder die Polizei noch die Obrigkeit störte. Erstens war der Herr Bronstein Ausländer, und zweitens ist das Kaffeehaus ein Ort, der den Wienern schon immer als eine Art Ventil für ihre Unzufriedenheiten galt. Solange der Wiener über etwas reden kann, geschieht halt nix. Das gehört zu den althergebrachten »Kaffeehaus-Freiheiten«.

Als dann 1917 die Russische Revolution ausbrach und das dem damaligen österreichischen Ministerpräsidenten Heinrich Graf Clam-Martinic gemeldet wurde, soll – einer berühmten Anekdote zufolge – dieser ungläubig ausgerufen haben: »Eine Revolution in Rußland? Ja, wer soll denn, bitteschön, die gemacht haben, vielleicht der Herr Bronstein aus dem Café Central?«

Daß sich in Wien so etwas wie eine Revolution wohl kaum ereignen könnte, erkannte damals auch Trotzki. Im Café Central hatte er 1908 die führenden Köpfe der österreichischen Sozialdemokratie kennengelernt: Viktor Adler und seinen Sohn Friedrich, Max Adler, Otto Bauer und Rudolf Hilferding. In seiner Autobiographie *Mein Leben* berichtete er darüber: »Das waren sehr gebildete Menschen, die auf verschiedenen Gebieten mehr wußten als ich. Ich habe mit lebhaftestem Interesse ihrer ernsten

Unterhaltung im Café ›Zentral‹ zugehört. Doch schon bald gesellte sich zu meiner Aufmerksamkeit ein Erstaunen. Diese Menschen waren keine Revolutionäre … In Berlin herrschte ein anderer Geist; vielleicht war er im wesentlichen nicht viel besser, aber er war anders. Das lächerliche Wiener Mandarinentum der Akademiker spürte man dort fast nicht.«

Ein wenig verschämt, weil es doch so gar nicht zu ihnen paßt, hier oder da aber auch mit einem gewissen Stolz, geben die Wiener zu, daß es immerhin 1848 so etwas wie eine Revolution gegeben habe. Allerdings liest sich deren Geschichte eher wie ein Betriebsunfall der Monarchie, und sowohl das im Herzen kaisertreue Volk als auch der Monarch selbst mochten nicht so recht daran glauben, zumal die Revolte nicht in Wien, sondern in Preßburg ausgelöst wurde. Dort hielt der ungarische Freiheitskämpfer und Advokat Lajos Kossuth eine flammende Rede vor dem ungarischen Landtag gegen den Absolutismus und forderte eine konstitutionelle Monarchie. Die schon einen Tag später in Wien verbreitete Rede stieß bei den Studenten und der Bürgerschaft auf große Zustimmung.

In den Jahren davor hatten der Staatskanzler Metternich und der verhaßte Wiener Polizeichef Graf Sedlnitzky den Unmut über Teuerung und Bevölkerungsanstieg, über Wohnungsnot und Spekulantentum, über Arbeitslosigkeit und Kriminalität nur mit Gewalt unterdrücken können. Trotz der scharfen Zensur, die sogar Geschäftsschilder, Landkarten und Grabsteine kontrollierte, kursierten im Untergrund kritische Pamphlete der sogenannten Exilliteratur. Es handelte sich dabei um anonym erschienene und im Ausland gedruckte Bücher, wie Anastasius Grüns (ein Graf Auersperg) *Spaziergänge eines*

Wiener Poeten, Charles Sealsfields (Carl Postl) *Austria as it is* sowie *Österreich und dessen Zukunft* von Graf Andrian, einem Staatsbeamten, oder die von dem Hauptmann Karl Möring verfaßten *Sibyllinischen Bücher über Österreich*. Der Boden für eine wirkliche Revolution war schon lange vorbereitet.

Wie in Wien nicht anders zu erwarten, begann die Revolution in einem Kaffeehaus, nämlich dem des Herrn Dominik Casapiccola am Mariahilfer Glacis. Dort versammelte sich am 13. März 1848, zehn Tage nach Kossuths Rede in Preßburg, eine große Zahl von Studenten und marschierte von hier aus mit einigen arbeitslosen Handwerkern aus dem Bezirk zur Herrengasse in die Innere Stadt.

Zusammen mit weiteren Bürgern drangen sie in das Niederösterreichische Landhaus ein. Dort legten die Studenten den Abgeordneten eine Petition vor, in der sie neben Rede- und Pressefreiheit auch die Freiheit der Lehre forderten, während die Bürger auf die Einführung einer Verfassung drangen.

Der Aufruhr in den Straßen und in der der Hofburg nahegelegenen Herrengasse blieb natürlich dem »gütigen« Kaiser Ferdinand I. nicht verborgen. Der körperlich und geistig kränkelnde Monarch überließ das Regieren weitgehend seinen Beratern in der »Geheimen Staatskonferenz«. Als er vom Fenster aus die Menschenmassen an der Hofburg vorbeiziehen sah, fragte er, was die vielen Leute da denn machten. »Majestät«, antwortete man ihm, »die Wiener machen eine Revolution.« Majestät schüttelte den Kopf: »So, so, eine Revolution. Ja, derfen's denn das?«

Die ungewohnte Situation veranlaßte den Kaiser und seine »Geheime Staatskonferenz«, sofort eine neue Ver-

Die »österreichische Lösung« des Konflikts (Bruno Kreisky nannte das einmal eine »ureigene Entwicklung«) wurde im damals berühmtesten Kaffeehaus der Monarchie, dem Café Griensteidl, gefunden und ausgehandelt. Dort verabredete sich der Führer der Sozialdemokraten, Viktor Adler, mit Friedrich Neumann, einem der einflußreichsten Industriellen jener Zeit. Wenige Tage vor der geplanten Demonstration trafen die beiden beim Kaffee eine Absprache, daß die Forderung der Arbeiter nach dem 8-Stunden-Tag zwar (noch) nicht erfüllbar sei, daß es aber auch nach dem 1. Mai zu keiner Maßregelung der demonstrierenden Arbeiter kommen werde. Auf Intervention von Neumann bewilligte die Wiener Polizeidirektion im letzten Moment die »angesuchten Versammlungen«, die entsprechend der Absprache einen »ruhigen und würdigen« Verlauf nahmen. Wie kaum anders zu erwarten, strömte halb Wien am 1. Mai 1890 in den Prater, um rund 200.000 Arbeitern beim Demonstrieren zuzusehen. Anschließend feierten die Demonstranten mit den Zuschauern in den zahlreichen Praterwirtshäusern ihren Sieg.

Historisch gesehen war dieser 1. Mai 1890 eine Vorwegnahme der erst in den fünfziger Jahren dieses Jahrhunderts geborenen »Sozialpartnerschaft«, eine Errungenschaft der Zweiten Republik im Geist der Großen Koalition von ÖVP und SPÖ. Diese »ureigene Entwicklung« der Sozialpartnerschaft besteht hauptsächlich darin, daß sich die Spitzen der Unternehmerorganisation und der Gewerkschaft zusammensetzen, um zu verabreden, welche Forderungen jede Seite stellen und auf welchen Kompromiß man sich dann bei den Tarifverhandlungen einigen wird. Diese »österreichische Lösung« ist kaum auf andere Länder, insbesondere größere, wo man sich nicht so intim kennt, zu übertragen. Der Effekt besteht darin, daß es in Österreich praktisch seit Jahrzehnten keinen Streik gegeben hat, worum das Land von seinen Nachbarn beneidet wird.

Wie das auf echt wienerisch läuft, beschreibt der ehemalige sozialistische Bundeskanzler Bruno Kreisky im dritten Band seiner Memoiren: »1974, als die Metallarbeiter in Österreich ... einen Streik ankündigten, erfuhr ich zwei Tage vorher davon ... Dieser erste große Streik in Österreich wurde übrigens von Benya ausgerufen, dem sagenumwobenen Benya mit seiner Sozialpartnerschaft. Ich habe damals Benya ganz vorsichtig gefragt: ›... Vielleicht sollt' ich doch am Samstag und Sonntag einen Vermittlungsversuch machen.‹ Ich habe also den Unternehmervertreter Rudolf Sallinger angerufen und gesagt: ›Du, Herr Kammerpräsident, ich glaube, wir müssen uns beide bemühen, daß die wieder miteinander reden, ... mach ma' des miteinander, dann schaut das besser aus.‹ Wir haben dann auch den Streik verhindert.«

Auch im Jahre 1918, als der Weltkrieg verloren und die Monarchie gestorben waren und die Republik ausgerufen wurde, schwebte etwas von einer drohenden Revolution in der Wiener Luft. Zwischen November 1918 und Juni 1919 kommt es immer wieder zu Demonstrationen, Aufruhr und Straßenschlachten. Die Kommunisten versuchen nach dem Vorbild Ungarns, in Wien eine Räterepublik einzusetzen.

Als wieder einmal eine aufgebrachte Menschenmenge sich durch die enge Herrengasse zum Niederösterreichischen Landhaus drängt, sieht man in ihrer Mitte den eleganten, hochgewachsenen Schriftsteller Anton Kuh, der, ohne sein Monokel zu verlieren, verzweifelt versucht, das gegenüberliegende Café Central zu erreichen. Dort hält auf der obersten Eingangsstufe seine Freundin, die Schauspielerin Bibiana Amon, bereits nach ihm Ausschau und ruft, als sie ihn endlich entdeckt: »Anton, gib acht – die Revolution!«

Zu einer richtigen Revolution kam es natürlich auch damals nicht, dafür waren die Kommunisten viel zu schwach. Ihre potentiellen Anhänger waren überwiegend auf die Sozialdemokratie eingeschworen. Einerseits war das die weitaus größere, mächtigere und besser organisierte Partei, andererseits traten die Sozialdemokraten unter Otto Bauer für die gleichen marxistischen und klassenkämpferischen Forderungen ein wie die Kommunisten, wenn auch der Verbalradikalismus des »Austromarxismus« nur in behutsamen Ansätzen zur Maxime sozialdemokratischer Politik gemacht wurde.

Es war die gleiche Taktik, mit der schon Karl Lueger seinerzeit den antisemitischen Deutschnationalen den Wind aus den Segeln genommen hatte: Mit dem Programm eines »Austromarxismus« verurteilten die Sozialdemokraten die Kommunistische Partei zur Bedeutungslosigkeit. Auch wenn dieses Progamm – strenggenommen – nie verwirklicht wurde.

In Wien saßen die Revolutionäre auch weiterhin im Kaffeehaus. Allerdings hatten die Ereignisse von 1918/19 die revolutionäre Tradition des Central, in dem einmal Trotzki und Viktor Adler verkehrt hatten, gebrochen. Das berühmteste Kaffeehaus der Monarchie konnte schließlich nicht auch Repräsentant der neuen Republik sein. Ein großer Teil der geistigen Stammgast-Elite übersiedelte aus dem Central in das nur wenige Schritte entfernte Café Herrenhof. »Zwei Tage später«, so berichtet Anton Kuh, »saß alles, was politisch und erotisch revolutionär gesinnt war, drüben im neuen Café – die Mumien blieben im alten.«

Als höchst ungeeignet für die Durchführung einer Revolution erwiesen sich schließlich sogar die österreichischen Nationalsozialisten bei ihrem Putschversuch am Nachmittag des 25. Juli 1934. An diesem Tag besetzten die Putschisten das Gebäude des Rundfunks und das Bundeskanzleramt am Ballhausplatz. Die Rundfunkbesetzer wurden von der Polizei bereits nach etwa 20 Minuten überwältigt, wobei es vier Tote gab. Am Ballhausplatz konnten die Besetzer die Stellung immerhin sechs Stunden halten. In dieser Zeit verblutete der durch zwei Schüsse verletzte Bundeskanzler Dollfuß. Um 19 Uhr kapitulierten die Putschisten.

Während des ganzen Nachmittags saß der »geplante« neue Regierungschef Anton Rintelen, österreichischer Gesandter in Rom und ehemaliger steirischer Landeshauptmann, im Café Imperial an der Ringstraße und wartete auf seinen Einsatz. Als er hörte, daß die Sache schiefgelaufen war, zahlte er, nahm seinen Hut und fuhr nach Hause. Während die Anführer des Nazi-Putsches hingerichtet wurden, verurteilte man Rintelen am 16. März 1935 zu lebenslanger Haft, von der er drei Jahre absaß.

Der blutige Nazi-Putsch 1934 war mißlungen. Doch am 12. März 1938 marschierten Hitlers Truppen ungehindert über Braunau und Linz nach Wien. Österreich wurde reichsdeutsche Provinz. Anton Rintelen kam frei. Die Schüsse, die in diesen Tagen fielen, konnten den »Anschluß« nicht verhindern, es waren die Schüsse österreichischer Patrioten, Antifaschisten und verzeifelter Selbstmörder.

Die Welt von gestern

Der 1881 in Wien geborene Schriftsteller Stefan Zweig war ein Meister der psychologischen Erzählung. Seine Stoffe entnahm er zumeist der Geschichte, deren Protagonisten er studierte und so schilderte, als sei er ihnen persönlich begegnet. Er lebte mit und in dieser *Welt von gestern*, wie er seine Autobiographie nannte. Carl Zuckmayer, der mit Zweig befreundet war, schildert ihn in seinen Erinnerungen *Als wär's ein Stück von mir* als eine Mischung von beredsamer Weltläufigkeit und zurückhaltender Schüchternheit. Im privaten Zweiergespräch plauderte er gern weitläufig und detailliert über das, woran er gerade schrieb. Zuckmayer: »Einmal fragte meine Frau, als er nach einem solchen intimen Zwiegespräch gegangen war: ›Was hat dir der Stefan heute so aufgeregt erzählt?‹ – ›Den letzten Klatsch aus der Französischen Revolution‹, sagte ich nur ...«

Dieses vertraute Leben mit der Geschichte gehört zum Selbstverständnis des Wieners, natürlich nicht unbedingt mit dem kenntnisreichen Detailwissen eines Stefan Zweig, aber der historische Bezug ist keine Frage der gesellschaftlichen oder schulischen Bildung, sondern des Bewußtseins, ein Wiener zu sein.

In dieser Stadt wird Geschichte ganz gegenwärtig erlebt und prägt das Denken und Verhalten seiner Bewohner. Hier wird Tradition gelebt, indem man zum Beispiel vorzugsweise in jenen Geschäften einkauft, in denen schon die Eltern und Großeltern einkauften. Da bringt ein Wohnungsumzug von dem einen in einen anderen Bezirk fast ebenso viele unangenehme Neuerungen und

Umstellungen mit sich wie eine Übersiedlung nach Linz, Hamburg oder Zürich.

Wie in Wien das Alte und Vertraute gepflegt wird, kann der Besucher schon beim ersten Spaziergang durch die Stadt erkennen, vorbei an den prachtvollen Palais vom Barock bis zur Renaissance der Gründerzeit, die sorgfältig und mit großem Aufwand stilgerecht restauriert wurden. Das trifft selbst auf die privaten Biedermeierhäuser der Vorstädte und die meisten großbürgerlichen Zinshäuser der Jahrhundertwende zu. Sie wurden fast alle mit Förderung eines städtischen Sanierungsfonds streng nach Maßgabe des Bundesdenkmalamtes wieder hergerichtet.

Von Karl Kraus stammt das Wort: »In der Vergangenheit sind wir allen Völkern weit voraus.« Kein Wunder, daß die Monarchie in Sachen Denkmalschutz eine Vorreiterrolle in Europa übernahm. Auf Veranlassung Kaiser Franz Josephs wurde zu Beginn des Jahres 1851 in Wien eine »Centralcommission für Erforschung und Erhaltung vaterländischer Baudenkmale« gegründet und in den einzelnen Kronländern »Conservatoren« eingesetzt. Heute heißt diese Behörde Bundesdenkmalamt, und alle Bauherren, Architekten und Kunsthändler wissen um deren Einfluß. Es gibt bereits Häuser und sogar Inneneinrichtungen von Ladengeschäften, die – noch keine 50 Jahre alt – unter Denkmalschutz gestellt wurden.

Es ist nur eine logische Folge, daß in solch einer Atmosphäre des Bewahrens und Beharrens jeder Neuerer und Kritiker einen schweren Stand hat. Manches, was in diesem ungemein kreativen Wien und Österreich erfunden und erdacht wurde, existierte (und existiert) hier jahrelang »im geheimen«, bis es von der Öffentlichkeit auch nur wahrgenommen wurde; Anerkennung findet es in der Regel erst, wenn es sich im Ausland durchgesetzt hat. Das betrifft die Wissenschaft, die Technik und die verschiedenen Künste gleichermaßen. Viele bedeutende Wissenschaftler und Künstler, die in Wien heranwuchsen, machten erst Karriere, als sie die Stadt und ihr Land verlassen hatten – und wenige kehrten zurück. Wer aber blieb und in der Heimat Glück, Erfolg und Anerkennung suchte, dessen Bedeutung wurde spät und oft erst nach seinem Tod erkannt.

»In Wien mußt erst sterben, damit sie dich hochleben lassen – aber dann lebst lang!« behauptete Helmut Qualtinger, dem beinahe ähnliches passiert wäre, als er dem Wiener Gemüt 1961 mit dem Einakter *Der Herr Karl* einen kritischen Spiegel vorhielt. Diese von ihm unnachahmlich realistisch kreierte Figur, deren Text er gemeinsam mit Carl Merz niederschrieb, ist die wienerische Variante des berühmten »kleinen Mannes«, ein schwadronierender Delikatessenhändler von jovialer Borniertheit und hinterhältiger Liebenswürdigkeit, eine parasitäre Wetterfahnenfigur ohne Rückgrat und Gewissen. Als kurz nach der Theater-Uraufführung der ORF eine Fernsehaufzeichnung brachte, liefen beim Sender die Telefondrähte heiß: Es hagelte Beschimpfungen und Beleidigungen. »Der *Herr Karl* wollte einem bestimmten Typus auf die Zehen treten, und ein ganzes Volk schreit Au«, sagte damals Hans Weigel.

Mit dieser »Selbstdarstellung eines menschlichen Dämons« (Weigel) hatte Qualtinger Abschied vom Kabarett genommen. Dort hatte man trotz seiner kritischen Pointen über ihn lachen können. Jetzt war Wien empört. Qualtinger entzog sich den Anfeindungen und ging nach Deutschland, wo er mit Lesungen gastierte und – obwohl er diesen Beruf nie gelernt hatte – als Schauspieler Karriere machte. Als er viele Jahre später, bekannt und berühmt, wieder ganz nach Wien zurückkehrte, wollte sich niemand an seine Vertreibung erinnern. Und nach seinem Tod 1986 avancierte er zur Kultfigur und Legende. Noch heute nennen ihn die Wiener, die er so präzise und messerscharf ins goldene Wiener Herz getroffen hat, liebevoll »Quasi«. Auf dem Zentralfriedhof bekam er ein Ehrengrab der Stadt Wien.

»Heimat bist du großer Söhne ...«, heißt es in der österreichischen Nationalhymne, obwohl die Heimat sich oft erst sehr spät an sie erinnert – von den Töchtern ist erst gar nicht die Rede. Zu diesen großen ›Töchtern‹ gehört gewiß die weltberühmte Schriftstellerin und Pazifistin Bertha von Suttner, die 1905 als erste Frau den Friedensnobelpreis erhielt. 1914 starb sie in Wien. 75 Jahre später wurde eine kleine Gasse in dem Vorort Kagran nach ihr benannt.

Ebenfalls recht spät kam Sigmund Freud zu dieser Ehre, die zudem noch ungewöhnlich skurril ausgefallen ist. 1984 beklagte sich Erwin Ringel öffentlich darüber, daß es 45 Jahre nach Freuds Tod in Wien noch immer weder eine nach ihm benannte Straße noch einen solchen Platz gäbe. Der damalige Wiener Bürgermeister nahm das als Anregung und errichtete unweit der Berggasse, wo Freud gewohnt und gearbeitet hatte, im Park vor der Votivkirche den »Sigmund-Freud-Platz«. »Errichtete« ist eher ungenau, denn es handelt sich um einen in den Rasen des Parks eingelassenen Stein, der nun diese Ortsbezeichnung trägt, weitab von den Häusern oder Gebäuden, die diesen Rasenplatz umgeben. Es gibt keine Adresse »Sigmund-Freud-Platz«, und er kommt auch in den offiziellen Straßenverzeichnissen nicht vor.

Ob damals (1985) erwogen wurde, einen Teil der Berggasse in Sigmund-Freud-Gasse umzubenennen, ist eher unwahrscheinlich in einer Stadt, wo man so gern am Althergebrachten und Bekannten festhält.

Was es auch immer sei, was von oben oder von außen an Veränderung oder Neuerung auf ihn zukommt, der Wiener registriert es mit Mißtrauen. Natürlich weiß man auch in Wien, daß sich die Welt weiterdreht und die Zeit nicht stehenbleiben kann. Aber ist es nicht verständlich, daß nach soviel Vergangenheit die Neugier auf die Zukunft sich in Grenzen hält? Wer weiß überdies, ob am Ende diese Zukunft positiv oder negativ zu bewerten sein wird? Aber es wäre falsch oder doch zumindest oberflächlich zu glauben, man sei nur aus Bequemlichkeit nicht neugierig. Da gibt es auch noch ganz andere Gründe.

Die folgende Geschichte hat sich zwar in Graz abgespielt, und es gibt zweifellos gewisse Unterschiede und Aversionen zwischen Grazern und Wienern, sie sind aber in diesem Mentalitäts-Fall belanglos. In der steirischen Hauptstadt konstruierte 1913 der Privatdozent für Psychologie, Vittorio Benussi, einen Apparat, mit dem man die Atmungsphasen und Veränderungen des Pulsschlags eines Menschen genau registrieren konnte. Als Psychologe war Benussi überzeugt, würde man jemanden während eines Gesprächs oder Verhörs an diesen Apparat anschließen, müßte man feststellen können, ob der Betreffende die Wahrheit sagt oder lügt. Der Apparat war also nichts anderes als der erste Lügendetektor der Welt. Natürlich führte Benussi seine Erfindung zuerst dem Kollegen Hans Groß vor, Gründer und Vorstand des Kriminologischen Universitätsinstituts in Graz, das weltweit als sogenannte Grazer Schule der Kriminologie

Anerkennung genoß. Groß ließ sich die Funktionen und Möglichkeiten des neuen Apparats genau erklären, doch ihn jemals in der Kriminologie einzusetzen, lehnte er ab: »Schauen Sie, wenn es so einem armen Teufel schon gelingt, sich herauszureden, so wollen wir ihm doch eine letzte Chance nicht nehmen.«

Der Lügendetektor wurde später in den USA noch einmal erfunden. In Österreich darf er bis heute nicht eingesetzt werden. Schon Johann Nestroy argumentierte seinerzeit ganz ähnlich: »Die Vergangenheit ist ein im Dunklen befindliches Gemälde, wenn da die Neugierd' ein Licht hinsetzen will, muß augenblicklich die Diskretion wieder den Schirm vorstellen.«

Das Beispiel Qualtinger und die Verehrung, die man ihm heute entgegenbringt, weisen auch auf einen positiven Aspekt dieser Mentalität hin: Der Wiener ist nicht nachtragend. Die Ursache ist vermutlich ein psychologisches Phänomen, nämlich die Tatsache, daß sich in der Erinnerung die Vergangenheit, je weiter sie zurückliegt, immer mehr verklärt. Das Feuer der Empörung ist verraucht, und im Gedächtnis der Wiener wird *Der Herr Karl* zum historisch glorifizierten Theaterereignis.

Franz Grillparzer, der den Österreichern das bedeutet, was den Deutschen ihr Goethe ist, stellte fest, daß die Größe gefährlich sei, und dieser Meinung wird sich jeder Wiener sofort anschließen – sofern es gegenwärtige Größe oder auch Macht betrifft. Größe und Macht, das war allemal und ausschließlich dem Kaiser vorbehalten. Dabei war der Kaiser beileibe keine abstrakte »Größe«, kein Monument der Unantastbarkeit. Seine menschlichen Schwächen wurden eifrig kolportiert und mit Befriedigung (»Schau, des ist a nur a Mensch«), aber mit Diskretion zur Kenntnis genommen. Was bei jedem anderen Kritik ausgelöst hätte, das verbot sich beim Kaiser. Einen Kaiser kritisiert man nicht. Man wußte – und das war genug.

Man wußte beispielsweise, welchen freundschaftlichen Umgang der Kaiser mit der Burgschauspielerin Katharina Schratt pflog, man wußte, daß er auf der Höhe ihrer Hietzinger Villa eine Pforte in die Mauer von Schönbrunn sich hatte einbauen lassen, um sozusagen unprotokollarisch jeden Tag seine Jause bei ihr einnehmen zu können. Ganz Wien wußte das, aber es minderte in keiner Weise sein Ansehen, sondern steigerte im Gegenteil das ihre. Ehrfürchtig nannten die Wiener die beliebte Schauspielerin nun nicht mehr einfach »die Schratt«, sondern »die gnädige Frau«.

Längst sind sie Geschichte, der Kaiser und seine »gnädige Frau« und auch die Gattin des Kaisers, die in Wien niemand die Kaiserin nennt, sondern – im Gegensatz zu ihm – stets beim Vornamen Elisabeth oder liebevoll Sissi. Doch noch immer kursieren über sie zahlreiche Anekdoten und Geschichten, als hätte man sie selbst noch erlebt. Über Franz Josephs Nachfolger, den letzten österreichischen Kaiser Karl, gibt es das nicht. In den zwei Jahren seiner Regierungszeit wuchs ihm nicht einmal eine Spur von der Popularität zu, die sein Vorgänger in 68 Regierungsjahren erwarb. Daran hätte sich auch nichts geändert, wenn er in diesen zwei Jahren noch den Ersten Weltkrieg gewonnen hätte.

Beliebtheit ist in Wien nicht eine Frage des Erfolges, sondern der Gewöhnung. Es ist nicht die Stadt der Senkrechtstarter. Nur wer lange präsent ist und alt genug wird, hat eine Chance.

Am deutlichsten zeigt sich das bei den Schauspielern, den Sängern und neuerdings den Fernsehmoderatoren und -moderatorinnen. Erst die stete Wiederbegegnung macht sie zu Publikumslieblingen. Deshalb sind diese in Wien auch nie blutjung – abgesehen seinerzeit von der Schauspielerin Johanna Matz. Das mag daran liegen, daß man in ihr sogleich das beliebte »süße Mädel« wiedererkannte, weshalb sie sehr bald von der Johanna zum »Hannerl« mutierte.

Größe – und das heißt Genie, Leistung und Erfolg – ist in Wien kein Maßstab der Gegenwart, Größe ergibt sich erst aus dem Rückblick. Das Risiko, eine Größe verkannt zu haben, nimmt der Wiener in Kauf. Es ist für ihn, der sich durch einen eher gezügelten Wagemut auszeichnet, ja auch relativ ungefährlich. »Österreich ist das Land der unterschlagenen Möglichkeiten«, behauptete Hermann Bahr. »Es ist österreichisch, daß Größe, wenn es einmal geschieht, unter uns nur inkognito geduldet wird.«

Die leise Kritik, die hier bei Bahr mitschwingt, mag berechtigt sein, andererseits erzeugt mehr Abstand auch mehr Sicherheit. Rückblickend erkennt man, daß Qualtingers skandalöser *Herr Karl* eigentlich die genialische Darstellung eines typisch wienerischen Delikatessenhändlers war. Gut, seinerzeit war das empörend, aber da ist der Wiener auch sich selbst gegenüber nicht nachtragend. Längst hat er den Quasi in sein goldenes Herz geschlossen. Und daraus, wenn es einmal geschehen ist, gibt es kein Entrinnen. Denn Gold ist ein Edelmetall, hart und kostbar.

Hat jemand einmal die Gunst des Publikums errungen, bleibt er unvergessen – selbst wenn er noch lebt. Ein jahrzehntelanger Liebling des Wiener Opernpublikums war zum Beispiel der Bariton Eberhard Waechter, seit 1955 Mitglied der Wiener Staatsoper. Kurz bevor er von der Bühne abtrat, um später in die Direktionsetage der Oper zu wechseln, sah ich ihn noch einmal in seiner Glanzrolle als Mozarts Don Giovanni. Die schwierige Champagner-Arie bewältigte er an diesem Abend vor allem schauspielerisch und weniger stimmlich, trotzdem waren der Applaus und die Bravo-Rufe überwältigend. Glücklicherweise wurde ich von meiner Sitznachbarin aufgeklärt: »Er *war* einmal der beste Don Giovanni!«

Treu in der Erinnerung und doch nicht nachtragend zu sein, das ist in Wien kein Widerspruch.

Schließlich hat der Wiener noch eine andere Möglichkeit, seine Angst vor der nach Grillparzer so »gefährlichen Größe« zu mildern, das ist seine Art der Vertrautheit mit der Prominenz. Das bedeutet keineswegs einen persönlichen Umgang, sondern eine völlig einseitige private Nähe zum Idol, die sich etwa darin ausdrückt, daß er von der Schauspielerin Paula Wessely nur als »die Wessely« oder gar »unsere Paula« spricht, und ihr Mann Attila Hörbiger ist dann eben »der Attila«. Und natürlich weiß man genau, wo die Idole wohnen, und kennt hundert Geschichten und Anekdoten über sie. Das macht zwar die Größe nicht kleiner, aber es verwischt den Abstand zu ihr.

Diese inhärente Abneigung gegen die Größe an sich betrifft sogar die ausgedehnte 1,6-Millionen-Stadt selbst. Man wohnt weniger »in Wien« als etwa in Döbling, in Hietzing, in Meidling oder in der Josefstadt, kurz: man wohnt in seinem Bezirk oder »Grätzel«, wie der noch engere Wohnbereich genannt wird. Innerhalb dieses Grätzels hat man seinen Friseur, seinen Schuhmacher, seine Trafik oder seinen Greißler, der in den meisten Gegenden längst durch den Supermarkt ersetzt worden ist. Das hat nichts mit einer vermutbaren Vorliebe für das Kleine oder gar Kleinkarierte zu tun, eher mit einem Bedürfnis nach Nähe und Vertrautheit, ja Vertraulichkeit, die die Kommunikation fördert.

Man trifft sich nicht, um miteinander zu reden, in Wien kommen die Leute durchs Reden zusammen. Ursprünglich Fremde, die sich in ihrem Grätzel immer wieder begegnen, tauschen nach einer Weile freundliche Grüße aus, bis sie bei irgendeiner Gelegenheit ins persönliche Gespräch geraten, um ihre Ansichten über das Wetter oder den letzten Urlaub auszutauschen.

Ich glaube, daß sich da der Wiener ein Stück Lebensgefühl aus der Biedermeierzeit ins Heute gerettet hat: Nähe, Beschaulichkeit und viel Zeit für das Alltägliche. Hier kann man immer noch Menschen begegnen, die viel Zeit haben, Zeit für sich und für andere. Es ist zwecklos, sich mit ihnen zu verabreden. Trifft man sie aber zufällig, ist ihre Freude über die unvermutete Begegnung so ehrlich, daß sie von Herzen bedauern, daß der andere gerade jetzt keine Zeit für einen längeren Plausch im nächstgelegenen Kaffeehaus hat.

Genau dieses biedermeierliche Lebensgefühl meinte Karl Kraus, als er feststellte: »Die Vergangenheit reicht in die Gegenwart hinein, und daraus erklärt sich die bekannte Wiener Unpünktlichkeit.«

Ein bissl was geht (n)immer

In Friedrich Torbergs Anekdotenbuch vom Untergang des Abendlandes, *Die Tante Jolesch*, erzählt er von einem seinerzeit sehr bekannten Restaurant, dem sogenannten Würstel-Biel. Herr Biel zierte sein Lokal mit mehreren selbstgereimten Werbesprüchen wie:

»Schon Hamlet fragte einst, so geht die Sage:
To Biel or not to Biel, das ist die Frage.«

Eine andere, in Prosa gehaltene Aufschrift beinhaltet eigentlich nur eine ganz banale Information:

»Jeden Sonntag den ganzen Tag geschlossen.«

Warum da nicht einfach stand »Sonntags geschlossen«, dieser Frage widmet Torberg einen ganzen Absatz, in dem er vermutet, Herr Biel wollte *expressis verbis* darauf hinweisen, in diesem Fall gäbe es keine Ausnahmen. Herr Biel wolle den *ganzen* Sonntag geschlossen halten, zu Mittag und zu Abend; auch sei *jeden* Sonntag das Lokal gesperrt, nicht nur etwa jeden zweiten.

Woher kommt es aber nun, daß der Wiener stets glaubt, irgendwie gäbe es in den meisten Fällen doch noch die Möglichkeit für eine Ausnahme? Wer in Wien mit Ämtern oder Behörden zu tun hat, wird sich nicht wundern, wenn er hier und da auf ein Schild trifft mit der Aufschrift »Nachmittags ausnahmslos kein Parteienverkehr«. Ob er das »ausnahmslos« nun akzeptiert oder nicht, es gibt heute in Wien bereits Behörden, wo man trotz »Schmattes« (Trinkgeld) und persönlicher Beziehungen an Nachmittagen nichts mehr erledigen kann. (Es sei denn am Abend, wenn man den zuständigen Leiter der Behörde zum Heurigen eingeladen hat.)

Alle Verordnungen, Erlässe oder sonstigen behördlichen Informationen sind hierorts in einer unmißverständlichen Amtssprache abgefaßt. Und um alle Mißverständlichkeiten auszuschließen, werden sie sprachlich so kompliziert und verschroben, daß sie, wenn schon nicht zur Mißverständlichkeit, so doch gelegentlich zur Unverständlichkeit führen. Natürlich ist die beamtete Sprachverstrickung ein Erbe der Monarchie.

Die Behauptung, daß das Überleben der Habsburger Monarchie bis 1918 weniger der Politik als der Diplomatie eines verbeamteten Staates zu verdanken sei, hat etwas für sich. Das begann bereits unter Maria Theresia, die der Verwaltung des Staates eine Flut von Neuregelungen bescherte. Viele dienten der Vereinfachung, wie zum Beispiel die Einführung eines einheitlichen Maß- und Gewichtsystems im ganzen Reich. Aber die Flut von Gesetzen und Verordnungen erforderte für die Umsetzung auch mehr Beamte. So wurde die beamtete Verwaltung neben dem Militär zur wichtigen Stütze der Monarchie.

Auf die vierzigjährige theresianische Regierungszeit folgte für zehn Jahre der aufgeklärte und liberale Kaiser Josef II., der mit ungezählten Neuregelungen, von denen viele später wieder durch neue Erlässe zurückgenommen wurden, eine weitere Papierflut auslöste. Ein übriges kam schließlich unter dem restaurativen Monarchie-Verwalter Metternich dazu.

Als 1848 Kaiser Franz Joseph I. die Regierung übernahm, war der Staat durch zwei Fundamente abgesichert, das Militär und einen zentralistischen Verwaltungsapparat. Der ohne Expansionsgelüste regierende Franz Joseph sah vor allem in einer gut organisierten Verwaltung die

Möglichkeit, den durch einen aufkeimenden Nationalismus gefährdeten Vielvölkerstaat zusammenzuhalten. Das entsprach dem Wesen des Monarchen, von dem der Ausspruch überliefert wird: »Ich bin der erste Beamte meines Staates.« Folglich war es ihm das wichtigste Anliegen, Schwächen und Lücken in Verwaltungsapparat und Beamtentum zu korrigieren und zu verbessern.

Als schließlich 1918 das imperiale Österreich von 52 Millionen Untertanen zum republikanischen auf nur noch sechs Millionen schrumpfte, mußte es als Kernland mit diesem Erbe leben. Damals strömte ein Heer von Beamten aus den ehemaligen Kronländern nach Wien und pochte auf seine Pragmatisierung, das heißt alle hatten Anspruch auf eine vom Staat bezahlte Stellung.

Damals erfand man ein Rezept, das bis heute angewendet wird und sich in Österreich ungebrochener Beliebtheit erfreut: die Frühpensionierung. Eine Generation später ließ die ungeheuer angewachsene Zahl der Pensionisten der Zweiten Republik gar keine andere Wahl, als sich zu einem Wohlfahrtsstaat mit einem vorbildlichen Sozialnetz zu entwickeln.

In der Zeit nach 1918 erzählte man sich folgenden Witz: Ein pensionierter Hofrat trifft auf der Straße einen ebenfalls pensionierten Amtsvorstand, der einen Karren mit Akten hinter sich herzieht. Auf die Frage, was er denn da mache, antwortet der Amtsvorstand, weil ihm so fad sei, habe er sich ein paar Akten geholt, um sie daheim aufzuarbeiten. »Na ja«, sagt der Hofrat, »wenn S' was erledigt haben, dann bringen's es mir halt zum Unterschreiben.«

Die junge Republik tat sich natürlich schwer mit dem Erbe, schon weil man nicht alles neu machen kann, wenn man eben einen Krieg verloren hat. Ein paar Gesetze des

Vielvölkerstaates waren überflüssig geworden, dafür mußte man viele andere aus demokratiepolitischen Gründen neu einführen. Auch mit der Umstrukturierung des Verwaltungsapparates von zentralistisch auf demokratisch-föderalistisch gab es Schwierigkeiten, zahlreiche neue und viele Übergangsregelungen mußten geschaffen werden.

Und schließlich machte die politische Entwicklung die ganze Sache nicht gerade einfacher. 1934 mußte alles auf den Ständestaat umgemodelt werden. 1938 mußte man die deutsche Gesetzgebung und Verwaltungsstruktur übernehmen, und 1945 war wieder alles anders. Zwar hatte die damals gegründete Zweite Republik die Chance, sich für ihre politische und Verwaltungsstruktur das Beste und Praktikabelste aus den letzten Jahrzehnten herauszusuchen und damit den neuen Staat zu zimmern, aber wer wollte entscheiden, was das Beste und Praktikabelste war? Sicherheitshalber übernahm man erst einmal das meiste und eliminierte nur, was eindeutig überflüssig oder undemokratisch schien. Dabei war außerdem noch in den ersten zehn Jahren bis zum Staatsvertrag 1955 auf die Alliierten Rücksicht zu nehmen.

Heute ist die österreichische Verfassung die meistgeändertste und -ergänzte der Welt, und die Anwendung der Gesetze, von denen einige noch aus der Zeit von Maria Theresia stammen, ist durch zahllose Novellierungen geregelt, die allein schon eine Bibliothek ausmachen. Der Aufwand, das heutige Österreich zu regieren und erst recht zu verwalten, ist größer als je zuvor.

Wer mir bis hierher gefolgt ist, muß einsehen, daß diese Aufgabe nur von einem regelrechten Beamtenheer zu bewältigen ist. Die Verwaltung der Monarchie war dagegen ein Kinderspiel. Heute helfen dreimal so viele

Beamte wie seinerzeit der Regierung, die Ordnung im Lande aufrechtzuerhalten. Daß es dabei zu Versäumnissen, Verzögerungen, ja zu Vergeßlichkeiten kommen kann, ist nur verständlich.

Aber die historisch so erfahrenen Einwohner sind Komplikationen dieser Art gewohnt; sie wissen, daß sie damit leben müssen und können. Denn ein bissl was geht immer.

Auch an die in der monarchistischen Zeit geprägte Beamtensprache haben sie sich gewöhnt. Manches davon hat sich sogar in ihrem eigenen Umgangs- und Sprachschatz niedergeschlagen. Ja, sie selbst sind geprägt von dem jahrhundertelangen Umgang mit Beamten.

Da gibt es zum Beispiel die Stempelmarken, die man in verschiedener Höhe in jeder Trafik erwerben kann. Für den Umgang mit Behörden bei Eingaben, Ansuchen oder Anmeldungen sind sie unabdingbar. Was für eine Stempelmarke zu welchem Wert man für was braucht, ist jedoch schon eine Wissenschaft für sich. Hierorts wird behördlicherseits dieselbe als »Vergebührung« bezeichnet.

Ich erinnere mich an einen Bekannten, der vor einigen Jahren für seinen Schäferhund Cäsar die (je nach Wohnort unterschiedlich) festgesetzte Hundesteuer von 400 Schilling gezahlt hatte, bevor er erfuhr, daß er Cäsar auch als »Schutzhund«, der sein Haus zu bewachen hat, hätte anmelden können. In diesem Fall würde die Steuer nur 200 Schilling betragen. Natürlich gewährt der korrekte Rechtsstaat eine Rückerstattung zuviel gezahlter Steuern – auf Antrag. In diesem Fall mußte aber der Antrag auf Rückerstattung der 200 Schilling mit Stempelmarken in Höhe von 180 Schilling »vergebührt« werden, um Aussicht auf »aufrechte Erledigung« zu haben.

Vor einigen Jahren führten die Wiener Verkehrsbetriebe eine »Streifenkarte zum Halbpreis für 4 Fahrten für *Kinder, Präsenzdienstleistende, Pensionisten, Kurzstrecken* oder *Hunde*« ein. Wird da der Sozialstaat nicht ein wenig übertrieben, wenn in Wien sogar die Kurzstrecken zum halben Preis die U- oder Straßenbahn benutzen dürfen? (Der Text ist übrigens inzwischen geändert.)

Es gibt Leute, vorwiegend Beamte, die als Hobby die Merkwürdigkeiten dieser Art sammeln, auflisten und damit ganze Bände füllen.

Das finsterste Amtsdeutsch findet man in jenen Formularen, in denen dem Staatsbürger Unheil angedroht wird, wie Vorführung, Strafantritt oder Mahnklagen. »Das ist aus psychologischen Gründen notwendig«, erklärte vor Jahren eine zuständige Beamtin. »Die Behörde kann nicht Zwangsmaßnahmen auf buntem Papier und mit freundlichen Worten verfügen.« Irgendwie ist das wieder ein menschlicher Zug des Apparates.

Weder freundlich noch unfreundlich lassen sich schon ganz harmlose »Bescheide« lesen, wie etwa jener: »Dem Ansuchen des N. N. um Bewilligung für die Benützung eines Fahrrades zum Schulbesuch seines Sohnes wird Folge gegeben und gemäß § 65 (1 und 2) StVo 1960, BGBl. Nr. 159, wird die angestrebte Bewilligung erteilt.«

Auf deutsch: N. N. darf seinen Sohn mit dem Fahrrad in die Schule schicken.

Die österreichische Verwaltung trägt schwer an der Last ihrer Vergangenheit, denn sie hat so viele Väter wie das Land Regierungsformen und Regierungen hatte. Da aber hierzulande die Sparsamkeit als große Tugend gilt, wird auch nichts weggeworfen, was noch einer sinnreichen »Verwendung zugeführt werden« kann. Das gilt sogar für Gesetze und Verordnungen, die das Leben kompliziert machen. So gesehen ist die Amtssprache nur ein Spiegel dieser Kompliziertheit.

Nicht weniger schwierig ist oft die Kompetenzverteilung zwischen Bund, Ländern und Gemeinden. Da kommt es öfter zu Streitigkeiten, ob diese oder jene »Causa« nun Sache des Landes oder der Gemeinde sei. Am diffizilsten sind solche Auseinandersetzungen in Wien, das zugleich Bundesland und Stadtgemeinde ist. Jahrelang dauerte zum Beispiel ein Verfahren in Wien-Donaustadt, wo man für den Ausbau der Wagramer Straße 73 Quadratmeter Grünfläche vor dem Haus Nummer 206 benötigte. Der Hausherr von 206 wehrte sich, legte Widerspruch ein, wurde abgewiesen und klagte schließlich vor dem Verwaltungsgerichtshof. Dort stellte man endlich nach drei Jahren fest, daß der Hausherr zwar Benützungsberechtigter ist, Eigentümer jedoch die Gemeinde Wien sei. Der »Bescheid«, den daraufhin die MA (Magistratsabteilung) 64 formulierte, hat Seltenheitswert: Mit ihm enteignete der Landeshauptmann von Wien den Bürgermeister der Stadt Wien – also sich selbst.

Wenn sich Merkwürdigkeiten dieser Art häufen, fallen sie auch den Beamten auf. Vielleicht nicht allen 300.000 Bundesbeamten, aber hin und wieder doch diesem und jenem. Deshalb gibt es seit vielen Jahren immer wieder Ansätze, ein wenig Ordnung in das systematisch angewachsene Chaos der österreichischen Bürokratie zu bringen, in dem sich mancher Hof- oder Kammerrat selbst nicht mehr auskennt. Allein schon die Hierarchie und die Vielfalt der Beamtentitel ist schwierig zu durchschauen. Das Kreuz dabei ist, daß jede Vereinfachung, über die sich ein Ministerialrat den Kopf zerbrochen hat, nur durch eine neue gesetzliche Regelung zu verwirklichen ist.

Da machte sich vor Jahren das Infoterm (Informationszentrum für Terminologie) im Auftrag des ÖNI (Österreichisches Normeninstitut) daran, auf einer acht (!) Seiten umfassenden Tabelle alle Abkürzungen von »Amtstiteln, Berufstiteln, Verwendungsbezeichnungen und akademischen Graden« zu vereinheitlichen und aufzulisten. Nachdem das Unding fertig war, mußte es einem aufwendigen Begutachtungsverfahren unterzogen werden, also alle betroffenen Behörden durchlaufen, um endlich gesetzlich bindend in die Ö-Norm »einzufließen«.

Korrekterweise müßten heute alle Bürger, die mit Behörden in Korrespondenz treten – und wer muß das nicht? –, diese Liste stets zur Hand haben, um den betroffenen Korrespondenzpartner richtig abgekürzt zu titulieren. Denn wer hat schon die Zeit, »Erster Oberstaatsanwalt-Stellvertreter« (EOststv) oder »Leitender Sekretär der Bundeskammer« (LSekBk) oder »Vizelandesbranddirektor« (Vzlbddir) jedesmal voll auszuschreiben?

Man kann es sich natürlich auch einfacher machen, indem man sich die Abkürzung selbst zusammenstellt anhand der ÖNI-Grundsätze, die da lauten:

»Vom ersten Wort die ersten Buchstaben oder die erste Silbe, ferner wahlweise der erste Konsonant der zweiten Silbe oder die zweite Silbe, schließlich der letzte Buchstabe oder die letzte Silbe, sofern nötig. Ch, ck, sch, sp, st, tz sowie Doppelbuchstaben gelten hierbei als ein Buchstabe. Bei zusammengesetzten Wörtern wird das gleiche System wiederholt, so wie bei den folgenden Wörtern des gleichen Titels. Die Auswahl der Abkürzungselemente hängt ab vom Bekanntheitsgrad des Titels und der Zahl der Wörter, die zu einem Titel gehören,

unter der Bedingung einer möglichst kurzen Fassung, die ohne wesentlichen Informationsverlust erreichbar ist.«
Alles klar?

Trotz Bemühungen dieser und ähnlicher Art hat das republikanische Österreich den funktionstüchtigen und vorbildlichen Beamtenstaat der zentralistischen Monarchie noch nicht wiedererlangt. Aber man arbeitet daran, die einstige Vollkommenheit der Verwaltung wieder zu erreichen. Schwierigkeiten macht nur ein kleiner Unterschied: Im Gegensatz zur monarchistischen Zentralverwaltung bemüht man sich in der Demokratie, die schon immer gewährten Ausnahmen von der gesetzlichen Regel selbst gesetzlich zu regeln. Man kann schließlich nicht das, was seit vielen Jahrzehnten nach dem Motto »Ein bissl was geht immer« geschupft wurde, nicht mehr nicht zulassen. Solche Ausnahmen fallen in Wien unter den Begriff »wohlerworbene Privilegien«.

Je vollkommener die Gesetze das menschliche Zusammenleben regulieren, um so eher trifft man auf individuelle Härtefälle. Und für die muß es Ausnahmen geben, die das Zusammenleben wieder menschlicher machen. In dieser Hinsicht haben Regierung und Verwaltung in Wien eine Spitzenposition in Europa erreicht. Welche andere Regierung könnte sich rühmen, in den letzten 50 Jahren mehr als 2000 Gesetze in die Verfassung eingefügt zu haben. Nicht daß die österreichische Verfassung reparaturbedürftig gewesen wäre, sie wurde nur ergänzt – durch Ausnahmeregelungen.

Nehmen wir einmal das demokratische Recht der Erwerbsfreiheit, das bedeutet, wer die entsprechende berufliche Qualifikation nachweisen kann und alle vergebührten behördlichen Anträge gestellt und bewilligt bekommen hat, darf dem angestrebten Erwerb nachgehen, etwa als Rauchfangkehrer, Schuhputzer oder Taxifahrer. Es ist natürlich ein Unding, wenn auf einmal Hunderte von zusätzlichen Rauchfangkehrern, die man gar nicht benötigt, auch diesem Erwerb nachgehen wollen. Oder Taxifahrer.

Damit nicht zu viele leere Taxis auf der Suche nach Passagieren durch Wien kurven und die Straßen verstopfen, hat man sogenannte »Bedarfsprüfungen« eingeführt: Wie bedürftig ist Wien im Hinblick auf die Anzahl der Taxis? Leider verbot eines Tages das Verfassungsgericht die »Bedarfsprüfungen«, weil sie das demokratische Recht auf Erwerbsfreiheit verhindern. Das beschwor eine Horrorvision herauf: Ganz Wien – und natürlich auch Salzburg, Linz, St. Pölten oder Attnang-Puchheim – von Taxis verstopft! Dagegen hilft nur eine neue gesetzliche Regelung, eine, die die Anzahl der Taxistandplätze beschränkt und die nicht mehr Taxis gestattet, als auf eben diesen Plätzen Platz haben. Und damit die Sache nicht wieder gerichtlich gekippt werden kann, erhob die Regierung die Taxigesetze in den Verfassungsrang, was problemlos gelang, weil die beiden Regierungsparteien im Parlament über die dafür notwendige Zweidrittelmehrheit verfügen. Es gibt wohl keinen anderen Staat, der seine Taxifahrer sogar per Verfassung vor unerwünschter Konkurrenz beschützt!

Einheimische wie kundige Fremde wissen, wie schwer es sein kann, zu Stoßzeiten, bei Unwetter oder am Heiligen Abend ein Taxi zu bekommen. Wer vertraut da nicht lieber auf das eigene Auto? Doch dem beängstigend angewachsenen Individualverkehr in Wien wurden inzwischen Grenzen gesetzt, und zwar in Form von Kurzparkzonen. Die gibt es in allen Großstädten, zum Beispiel als geldschluckende Parkuhren.

Doch »Wien ist anders«. Hier kauft man sich Parkscheine, die ausschließlich in den nur zwischen 8 und 18 Uhr geöffneten Tabaktrafiken erhältlich sind, kreuzt auf einem davon mit Kugelschreiber (ein radierbarer Bleistift ist verboten) die Parkankunftszeit an und legt diesen Parkschein hinter die Frontscheibe seines Autos. Um rechtzeitig nach Ablauf der erlaubten Parkdauer wieder wegzufahren, muß man allerdings wissen, wann und wie lange man jetzt in der gewählten Kurzparkzone parken darf. Da gibt es in Wien die verschiedensten Varianten, nämlich 57 (siebenundfünfzig). Seit 1996 ist man um eine Vereinfachung und eine Reduzierung der Kurzparkzonenvarianten auf nur noch 19 (!) bemüht.

In den achtziger Jahren gab es in Wien einen Bundeskanzler, der – aufgewachsen in der ländlichen Idylle des Burgenlandes – oft und gern seinen vielzitierten Seufzer hören ließ: »Das ist alles sehr kompliziert.« Als echter Wiener hätte der arme Mann natürlich gewußt: »Ein bissl was geht immer – noch.«

Babylonisches Labyrinth

Wenn sich der tschechische Ministerpräsident und der österreichische Bundeskanzler treffen, da kann es passieren, daß der Tscheche einen deutschen Namen – beispielsweise Klaus – und der Österreicher einen tschechisch klingenden – beispielsweise Vranitzky – hat. Das ist insofern nicht verwunderlich, weil der Vater beider Nationen einst der Kaiser in Wien war und die Städte an Moldau und Donau in enger verwandtschaftlicher Beziehung standen. Inzwischen haben über mannigfache politische Krisen hinweg Tschechen wie Österreicher ein eigenständiges nationales Bewußtsein entwickelt. Doch die Verwandtschaft ist geblieben, auch wenn sie heute eine entfernte ist. Natürlich zählen Ungarn, Friaul, Slowenien oder Kroatien ebenso zur Verwandtschaft. Und irgendwie auch Deutschland.

In der verwandtschaftlichen Liebe zwischen Deutschen und Österreichern gibt es jedoch feine Differenzierungen. Die Deutschen sind überzeugt, ihre Vettern aus Wien und Umgebung sprächen die gleiche Sprache, wenn auch ein wenig alpenländisch verfärbt; und ähnliche Sprachschattierungen des Deutschen gibt es ja auch in Sachsen, Bayern oder Friesland. Schon Karl Kraus war da etwas anderer Meinung, indem er behauptete, Österreich unterscheide sich von Deutschland vor allem »durch die gemeinsame Sprache«.

Lange Jahre herrschte eine gewisse Unsicherheit in der Beantwortung der Frage: Wie deutsch ist Österreich? Schon der Name, den man diesem Land geben wollte, machte Probleme. 1918 nannte man sich »Republik

Deutschösterreich«, was 1919 in »Republik Österreich« geändert wurde. 1934 verfiel man auf »Bundesstaat Österreich«, woraus 1938 das »Land Österreich« und 1939 die »Ostmark« wurde. 1942 degradierte der Exilösterreicher Hitler von Berlin aus das Land sogar zu den »Alpen- und Donau-Reichsgauen«. Drei Jahre später konnte man sich endlich wieder »Republik Österreich« nennen. Und dabei blieb es.

Die Frage »Wie deutsch ist Österreich?« ist seit 1945 nicht mehr aktuell, wird höchstens noch hier und da von ein paar unverdrossenen Deutschnationalisten gestellt. Doch deren Antworten interessieren niemanden mehr. Der Selbstfindungsprozeß der Nation ist trotz der »gemeinsamen Sprache« abgeschlossen.

Das neugewonnene nationale Selbstbewußtsein trägt sogar schon erste Früchte, wie der Beitrittsvertrag Österreichs zur Europäischen Union gezeigt hat. Wie man weiß, ist neben Englisch oder Französisch auch das Deutsche eine der offiziellen EU-Sprachen. Das mußten die Beitrittsverhandler aus Wien akzeptieren, aber ganz wollten sie doch nicht auf ihre sprachliche Identität verzichten. Nach dem bereits erklärten Motto »ein bissl was geht immer« kämpften sie wieder einmal für ein paar Ausnahmen. So sollten doch Österreich betreffende EU-Verträge oder Gesetzestexte auch den Einheimischen sprachlich vertraut klingen. Um in diesen Fällen eine Übersetzung ins österreichische Deutsch zu erzwingen, wurden im Vertrag konkret 28 Sprachbeispiele festgehalten, die – wen überrascht es? – fast alle kulinarischer Natur sind, von »Erdäpfel« (Kartoffeln) über »Fisolen« (grüne Bohnen) bis zu »Paradeiser« (Tomaten). Die Tatsache zeigt, was ein wesentliches Merkmal österreichischer Identität ist: die Wiener Küche.

Mit der Sprache verhält es sich so ähnlich wie mit der Küche. In beiden Fällen gibt es zahlreiche regionale Spezialitäten, etwa in Kärnten, Tirol, dem Mühlviertel oder der Steiermark. Doch kann die Wiener Küche für sich in Anspruch nehmen, als einzige »Küche« nach einer Stadt und nicht nach einer Landschaft oder Provinz benannt worden zu sein. So ist auch die Eigenständigkeit des österreichischen Deutsch in Wien am stärksten ausgeprägt.

Bei dieser Eigenständigkeit geht es natürlich um Wörter und Begriffe, aber es geht auch um die Dramaturgie der Sprache, um die Konstruktion von Sätzen, um die Syntax, die, von der Mentalität der Wiener geprägt, sich im »Wienerischen« ausdrückt.

In seinem 300 Seiten starken Wörterbuch *Sprechen Sie Wienerisch?* widmet der Autor Peter Wehle dem Versuch, diese Dramaturgie zu erklären, etwa ein Viertel des gesamten Umfangs, ohne eigentlich über theoretische Ansätze und sinnfällige Beispiele hinauszukommen. Und Friedrich Torbergs *Tante Jolesch* enthält einen allein viereinhalb Seiten langen »Exkurs über die vielfältige Bedeutung des Wörtchens ›was‹«. Es gibt keine Regeln, keinen *Wien-Duden*, und alle Bemühungen, einem Fremden die Dramaturgie des Wienerischen zu erklären, müssen Stückwerk, unvollkommen und zuletzt vergeblich bleiben. Sie ist ein Ausdruck der Wiener Seele und ihrer sprachlichen Vielfalt.

In Wien spricht man keinen Dialekt, wie es das Bayerische, wie es Kölsch oder Plattdeutsch sind. Dafür hat das Wienerische verschiedene Melodien, an denen man erkennt, aus welchem Bezirk jemand kommt. Der Klang aus den Arbeiterbezirken Favoriten oder Ottakring ist stark ausgeprägt und deftig, während der aus Meidling, wo das »L« stets unter der Zunge eine Rolle macht, schon fast wie Gesang klingt. Am vornehmsten ist das Schönbrunner Deutsch im Nobelvorort Hietzing. Aber da spricht man schon fast »nach der Schrift«. Denn das typische Wienerisch wird nur gesprochen und nicht geschrieben.

Deshalb entstammen auch viele Wörter und Begriffe, die im übrigen deutschen Sprachraum nicht verwendet werden, der Vulgärsprache, jedenfalls soweit sie aus den ehemaligen Kronländern übernommen wurden. Da dominiert vor allem das Tschechische mit Begriffen wie Pawlatschen (Balkon, Bretterbühne), Gatsch (Schlamm, Matsch), Tuchent (Federbett), Strizzi (Zuhälter) oder Feschak, das zwar von »fesch« kommt, aber mit der böhmakelnden Endsilbe jemanden bezeichnet, der sich vor allem selbst für besonders fesch hält.

Während diese Begriffe von den tschechischen Ziegelarbeitern und der böhmischen Küchenperson in Wien eingeschleppt wurden, geht vieles Französische auf die Vornehmheit von Standespersonen und wohl auch auf die französische Besatzung unter Napoleon zurück und hat vielfach einen sehr wienerischen Klang angenommen: Lawur (lavoir) für Waschbecken, Parte (faire part) für Todesanzeige, Pompfineberer (pompes funèbres) für Bestattungsunternehmer oder Potschamper (pot de chambre) für den guten alten Nachttopf.

Und besonders viele dieser entlehnten Begriffe betreffen die Küche und das Kulinarische: faschieren oder Karré (Schweinsschulterstück) entstammen dem Französischen, Powidl(-tatschkerl) oder Golatschen (auch Kolatschen) kommen aus dem Tschechischen, Gusto oder Fridatten aus dem Italienischen.

Eine weitere wesentliche Wurzel ist das Jiddische, von dem auch die Gaunersprache Rotwelsch stark profitiert.

Das reicht von Beisl und Chuzpe über Ganef und Schmattes bis zu Tineff und Zores.

Wien, Metropole eines zentralistisch regierten Vielvölkerstaates, hatte in der Monarchie Vertreter aller Völker angezogen. Sie kamen hierher als Beamte oder Militär, sie kamen als Arbeiter, Kaufleute, Künstler, Wissenschaftler und Fremde, um in der Hauptstadt ihr Glück zu machen. Und irgendwann, vielleicht erst nach ein, zwei Generationen, wurden sie in diesem Schmelztiegel der Nationalitäten »echte Wiener«. Deshalb ist das Wienerische kein deutscher »Dialekt«, sondern ein Seismograph dieser historischen Zuwanderung.

Wer eine Vorstellung vom Ausmaß dieser jahrhundertelangen Zuwanderung bekommen will, braucht nur im Wiener Telefonbuch zu blättern. Dabei handelt es sich bei den meisten der so fremdländisch klingenden Namen von Adamek bis Zwitkovits um gestandene Wiener Familien – wenigstens seit zwei Generationen. Einem Bonmot zufolge trifft man in Wien allerdings nie drei Wiener, »weil einer davon ist immer ein Böhm«. Einen Wiener zu treffen, dessen sämtliche Vorfahren über mehr als zwei Generationen ebenfalls schon Wiener waren, ist wie ein Sechser im Lotto.

Natürlich gab es Schwierigkeiten mit der Integration der Zuwanderer, mal mehr, mal weniger, mal bei den Zuwanderern selbst, mal bei den eingesessenen Wienern. Der Komponist und Dirigent Gustav Mahler war zehn Jahre lang Direktor der Wiener Hofoper, eine Zeit, die als die glanzvollste und erregendste in der Geschichte des Hauses gilt.

Zu Lebzeiten war er nicht unumstritten und hatte sich viele Feinde gemacht. Im Alter meinte er resignierend: »Ich bin dreifach heimatlos: Als Böhme unter Österreichern, als Österreicher unter Deutschen und als Jude in der ganzen Welt.«

Es muß merkwürdig erscheinen, wenn man den Wienern, die doch eine jahrhundertelange Erfahrung mit der Assimilierung von Zuwanderern haben, gleichzeitig Fremdenfeindlichkeit vorwirft. Doch bei diesem auch unter den Wienern weitverbreiteten Vorurteil ist es so wie mit allen anderen: Es stimmt zwar, aber das Gegenteil ist ebenso wahr. Denn zu allem, was er (noch) nicht kennt, hat der Wiener ein indifferentes Verhältnis, weiß man doch nie vorher, wie sich die Sache entwickeln wird.

So wie der kleine Mann menschliche Probleme gern in der unentschlossenen Schwebe hält, so wird das Land meistens auch regiert. Das Lieblingswort der Politiker lautet nicht »Handeln«, sondern »Handlungsbedarf«, was soviel heißt wie: Erst, wenn's nicht mehr so weitergeht, muß man überlegen, wie's weitergeht. Von Eduard Graf Taaffe, Ministerpräsident unter Kaiser Franz Joseph, stammt das Rezept: »Das Geheimnis des Regierens in diesem Reich besteht darin, alle Nationalitäten in gleichmäßiger, wohltemperierter Unzufriedenheit zu erhalten.«

Gerade diese Unzufriedenheit war dann aber einer der Gründe, die viele Angehörige dieser Nationalitäten in die Metropole lockten, wo sie sich Arbeit und Wohlstand erhofften. Besonders groß war der Zuzug der Juden aus dem Osten der Monarchie und Rußland. Ihr Anteil an der Gesamtbevölkerung Wiens wuchs von 1860 bis 1880 von 2,2 % auf über 10 %, Zahlen, in denen allerdings die assimilierten, also aus der Gemeinde ausgetretenen und getauften Juden nicht enthalten sind. Assimiliert hatten sich in erster Linie bereits länger hier lebende Juden, die es als Kaufleute, Wissenschaftler, Künstler oder Journalisten zu Ansehen gebracht hatten.

Damals bekam die Fremdenfeindlichkeit einen Namen: Antisemitismus. Er entzündete sich besonders an den orthodoxen, ärmeren Neuankömmlingen, die sich im 2. Bezirk, der Leopoldstadt, niederließen. Sieht man von antisemitischen Zündlern wie den Deutschnationalen unter Schönerer ab, richtete er sich aber keineswegs gegen die ins Bürgertum integrierten Juden, selbst wenn sie ihrem mosaischen Glauben treu blieben. Aber gerade diese gerieten in das Dilemma, mit einem Antisemitismus konfrontiert zu sein, der sich zwar nicht gegen sie selbst, aber gegen den Glauben und die Rasse richtete, der sie angehörten. Man konnte in Wien also erklärter Antisemit sein und gleichzeitig Juden zu seinen engsten Freunden zählen.

Im Jahre 1923 lebten in Wien 201.000 Juden, 1938 waren es immerhin noch 180.000. 1945 zählte die Gemeinde 5000 Mitglieder.

Von den 175.000 Wiener Juden wurden zwischen 1938 und 1944 über 8000 verhaftet und in ein Konzentrationslager verschickt. In Massentransporten deportiert wurden zwischen 1939 und 1945 aus Wien 48.702 Juden.

Auch in Wien hatten sich die Nationalsozialisten bemüht, ihre Säuberungen gründlich durchzuführen. Aber es gab Ausnahmen, legale und illegale. Die meisten der 5000 Juden, die 1945 wieder auftauchten, waren von ihren Nachbarn oder Freunden versteckt worden. Und mancher hundertprozentige Nazi, der bei seiner Entnazifizierung angab, einen Juden geschützt zu haben, hatte das in Wien auch tatsächlich getan.

Ein leuchtendes Beispiel war übrigens der beliebte Volksschauspieler Hans Moser, der mit einer Jüdin verheiratet war. Gegen allen politischen Druck weigerte er sich, zu emigrieren oder sich scheiden zu lassen. Seine Beliebtheit und ein persönlicher Brief an Hitler retteten seine Frau vor der Verhaftung und ihn vor einem Arbeitsverbot.

Tragisch war dagegen das Schicksal des Dichters und Kabarettisten Peter Hammerschlag. Freunde verhalfen ihm 1938 zur Flucht nach Jugoslawien, aber das Heimweh und ein erster vergeblicher Versuch, ein Visum in die USA zu bekommen, trieben ihn nach Wien zurück. Der Komponist und Textdichter Alexander Steinbrecher versteckte ihn bei sich. Aber als Hammerschlag eines Abends die Zigaretten ausgingen, schlich er sich aus dem Haus ins Gasthaus um die Ecke, wurde dort von einer SA-Streife erwischt und 1941 nach Polen deportiert. Er kehrte nicht zurück.

Steinbrecher, damals musikalischer Leiter am Burgtheater, rächte sich auf seine Weise: In der Direktion, zu der er Zugang hatte, lag eine Liste mit den Adressen und Telefonnummern aller Nazi-Bonzen, die zu den Premieren eingeladen wurden. Nachts rief er sie von einer Telefonzelle aus der Reihe nach an, beschimpfte und bedrohte sie mit Mord und Anschlägen. Als daraufhin die geheimen Telefonnummern ausgetauscht wurden, beschaffte er sich auch die neue Liste und setzte seine Drohanrufe fort. Der Telefonterrorist wurde glücklicherweise nie ausgemacht.

Friedrich Torberg hat das Jahr 1938 als das eigentliche Ende der österreichischen Monarchie bezeichnet, in Wahrheit hat er das Ende einer in der Monarchie gewachsenen und von jüdischen Wienern geprägten Kultur gemeint. Denn Wien und das Judentum war eine zwar widersprüchliche, aber im Geist funktionierende Symbiose.

»Der Antisemitismus der Wiener ist sehr launenhaft«, schreibt Otto Friedlaender in seinem Buch *Letzter Glanz der Märchenstadt*. Und dann etwas konkreter: »Die Wiener sind große Antisemiten, aber ihr Antisemitismus hat ein großes Loch: sie verlieben sich so leicht in Juden oder Jüdinnen. Jeder Wiener hat seinen jüdischen Freund, den er enthusiastisch liebt und auf den er grenzenloses Vertrauen hat – und jeder Wiener ist in eine Jüdin verliebt ... Der Wiener hat viel zuviel Geist und Geschmack, als daß da sein Antisemitismus lang standhielte. Da ist er einfach wehrlos.«

Die nichtjüdischen Wiener bewundern die Juden, ihre diplomatische Gewandtheit, ihre handwerkliche Geschicklichkeit und ihren Intellekt. Sie empfinden sich ihnen seelenverwandt, und die Ähnlichkeit ist so irritierend wie ihre Fremdheit. Umgekehrt ist es genauso. »Der Jude liebt Wien und seine Eigenart wirklich«, schreibt Friedlaender, »er wird, zuerst bewußt und mit Vorsatz und mit der Zeit unbewußt, wenn schon kein echter, so doch ein virtuoser Wiener. Hunderte Wiener Lieder und ihre Texte sind von Juden, und kein Mensch empfindet sie als unwienerisch. Eine Menge Wiener Volkssänger sind Juden, und die meisten jüdischen Jargonschauspieler sind vollendete Wiener Dialektkomiker, die den Wienern fast besser gefallen als die herberen und spröderen echten.«

Bei einem solcherart differenzierten und relativierten Antisemitismus wäre in Wien ohne die Nationalsozialisten niemand auf die Idee gekommen, die Juden aus dem Land zu verjagen. Heute weiß man, daß man 1938 ein Stück Wiener Kultur und Geistesgeschichte, ja ein Stück Wiener Identität vertrieben und verloren hat. Heute werden die Verdrängten und Vertriebenen von damals, die Werfel und Weigel, die Mahler und Schönberg, geehrt, gefeiert und aufgeführt – denn sie sind tot, bedeutend, und die Wiener tragen ihnen nicht nach, daß sie emigrieren mußten.

Zugegeben, es gibt in Wien eine Fremdenfeindlichkeit, aber sie ist nicht aggressiv, sie ist eine Mischung aus kleinbürgerlichem Ressentiment, Unkenntnis, Mißtrauen und Ängstlichkeit. Von ihrer Geschichte her sind es die Wiener längst gewohnt, damit umzugehen – im Gegensatz zu den Fremden, die es irritiert, wenn man ihr Dasein einerseits hinnimmt, aber sich gleichzeitig darüber beschwert. Der Fremde aber, wenn er nach einer Weile diese Mentalität begreift und akzeptiert, ist bereits auf dem besten Wege, selbst ein Wiener zu werden.

Ich erinnere mich an ein Gespräch mit einem mir gut bekannten älteren Wiener. Wir saßen gemütlich bei einem Viertel Wein, sprachen über die Wiener, die Deutschen, die Amerikaner und andere Touristen, und er wußte sehr wohl, daß ich als Deutscher seit einigen Jahren in Wien lebte. »Weißt«, meinte er, »wir mögen ja die Fremden, nur dableiben brauchen's nicht.« Und dann sprachen wir freundschaftlich über andere Dinge.

Über die Verschlingungen der Seele und des Wiener Gemüts bemerkte Helmut Qualtinger: »Wien ist ein Labyrinth, in dem sich jeder auskennt.«

Von Darstellern und Selbstdarstellern

Die deutsche Literatur, so heißt es, hat keinen wirklichen Komödiendichter hervorgebracht. Es gibt zwar einzelne Lustspiele von Lessing, Büchner oder Kleist, aber sie sind eher schwergewichtig und philosophisch befrachtet. Bleibt nur Curt Goetz, den die Germanistik aber eher am Rande der Literaturgeschichte ansiedelt. Weit und breit kein deutscher Molière oder Goldoni. Der bedeutendste Komödiendichter »deutscher« Zunge war ein Wiener: Johann Nepomuk Nestroy, geboren 1801, gestorben 1862. Er schrieb 83 Stücke für das Theater und war eigentlich Opernsänger und Schauspieler, als welcher er zu Lebzeiten in seinen eigenen Stücken brillierte und zum Publikumsliebling wurde.

Die offizielle Aufnahme in die Literaturgeschichte und in germanistische Seminare fand er aber erst lange nach seinem Tod. Selbst das Burgtheater, die österreichische Nationalbühne, fand sich erst 1901 bereit, ein Nestroy-Stück herauszubringen: *Der böse Geist Lumpazivagabundus oder Das liederliche Kleeblatt*, uraufgeführt 1833. Trotzdem war Nestroy zu Lebzeiten einer der bekanntesten und beliebtesten Darsteller und Komödiendichter Wiens, der auf den Bühnen der Vorstadt wahre Triumphe feiern konnte.

In seinen bühnenwirksamen Stücken verband er glänzende Charakterkomik mit volksnaher Satire. Meist waren es sehr freie Bearbeitungen älterer Vorlagen, und sowohl ihm selbst als auch seinem Publikum galten sie hauptsächlich als Vorwand und Rahmen für den Darsteller Nestroy, was übrigens auch für seinen etwas älteren Zeitgenossen Ferdinand Raimund galt. Das Literarische interessierte weniger.

Die Wiener lieben das Theaterspielen. Sie verehren die, die das tun. Und gern spielen sie auch selber ein bißchen Theater – im Leben. Sie haben alle eine künstlerische Ader, wenn es ihnen auch nicht immer bewußt ist – nicht gerade im schöpferischen Bereich, aber in jedem Falle als Darsteller. Sie haben Berufe wie andere Leute auch, als Advokat oder Friseur, Angestellter oder Beamter, aber daneben haben sie immer auch noch ein Hobby, das sie mehr lieben als ihren Beruf, denn – so meint Otto Friedlaender – »Wien ist die Stadt der Menschen, die ihren Beruf verfehlt haben.«

Sie haben viele Talente, aber sie können sich nicht für eines entscheiden. Dasjenige, das sie zu ihrem Beruf gemacht haben, davon sind sie überzeugt, war gewiß das falsche. Am liebsten würden sie den Beruf des Spaziergängers ergreifen, durch die Straßen schlendern, die Auslagen der Geschäfte betrachten und vielleicht mit anderen Spaziergängern ein paar harmlose Worte austauschen. Meist führt sie ihr Spaziergang ins nächste Kaffeehaus, wo sie statt zu plaudern die Zeitungen studieren, oder ins Beisl ums Eck, wo sie bei einem Achtel Wein oder einem Pfiff Bier an der Schank stehen, die in Wien »Budl« heißt, und wo sie dann mit Gleichgesinnten beiläufig die aktuellen Fragen der Zeit erörtern, die politische Weltlage, derzeit grassierende Krankheiten oder die notwendige Ablöse des Burgtheaterdirektors.

Weil die Wiener ihren Beruf meist nicht sehr mögen, sind sie ausgesprochene Freizeitmenschen. Sie leben von Wochenende zu Wochenende, von Urlaub zu Urlaub und zählen die Jahre und Monate bis zu ihrer (möglichst vorzeitigen) Pensionierung. Böse Zungen behaupten, die Karriere eines echten Wieners beinhalte folgende Stationen: Sängerknabe – Lipizzaner – Hofrat – Pensionist. In der Tat stellt jede der Stationen etwas dar, selbst der in Wien immer »gschalnte« (gut und korrekt gekleidete) Pensionist.

Die Liebhaberei, die Freizeit, der Müßiggang, das ist etwas, wo der Wiener keinen Aufwand scheut. Dafür würde er weit lieber arbeiten als für seinen Beruf, auf den er böse ist, weil er ihn ausüben muß, um Geld zu verdienen. Daß aber die Dinge nicht so sind, wie er es gerne hätte, das ist sein Verhängnis, mit dem er sich längst abgefunden hat.

Um kein Mißverständnis aufkommen zu lassen: Der Wiener ist alles andere als arbeitsscheu. Aber alles andere ist er eben auch. Sein heimliches Motto ist: Wer es sich nicht so bequem wie möglich macht, ist faul!

Bei den Liebhabereien dominiert die Kunst. In der Kunst bevorzugt er Musik und Theater und dort wieder die Sänger und Schauspieler. In Wien wurde schon immer viel und gern gesungen. Um 1200 bekannte Walther von der Vogelweide »Z'osterîche lernte ich singen und sagen«. Es ist nicht nur die sprichwörtliche »Stadt der Lieder«, es ist auch die Stadt Mozarts, Beethovens, Schuberts, die Stadt der Walzer-Dynastie Strauß und der Operette, des »lieben Augustin« und der Schrammeln. In Wien, so monierte der Barockprediger Abraham a Sancta Clara, erklinge soviel Musik, daß man meinen könne, der Himmel habe ein Loch bekommen.

Die Wiener sind stolz auf ihre Staatsoper, die einmal k. u. k. Hofoper hieß und die in der ganzen Musikwelt berühmt ist. Vergessen ist, daß sie das Gebäude einst abfällig die »versunkene Kiste« nannten, weshalb einer ihrer Architekten, Eduard von der Nüll, noch vor ihrer Fertigstellung Selbstmord verübte und der andere, August Siccard von Siccardsburg, vor Gram zwei Monate später starb.

Die Wiener sind stolz auf ihr Burgtheater, das einmal k. u. k. Hofburgtheater hieß und in der Theaterwelt berühmt ist. Vergessen ist, daß es wegen seiner katastrophalen Akustik gleich nach der Eröffnung noch einmal umgebaut werden mußte.

Sie sind stolz auf die meisten Institutionen ihrer nationalen Kultur, auch wenn die meisten Wiener noch nie hineingegangen sind, was sie nicht hindert, in schöner Regelmäßigkeit an ihren Wiener Stammtischen die Ablöse des Opern- oder Burgtheaterdirektors zu fordern. Mehr noch als jeder Ministersessel waren (und sind) das immer die Schleudersitze der Nation.

Der aus Niederschlesien stammende Heinrich Laube war es, der als erster dem Burgtheater zu überregionaler Bedeutung verhalf. Als er 1849 die Direktion übernehmen sollte, bestand er auf einem Vertrag von mindestens fünf Jahren. »Warum fünf Jahre?« wollte Graf Grünne, der Generaladjutant des Kaisers, wissen. »Weil ich in den ersten drei Jahren aufräumen muß. In dieser Zeit mache ich mir nur Feinde. Freunde kann ich mir erst im vierten und fünften Jahr schaffen.« In Wahrheit hielt er es ganze achtzehn Jahre in der Direktion des Burgtheaters aus.

Bei aller Musikbegeisterung konnte es geschehen, daß die Wiener auch dem berühmten Johann Strauß den Erfolg versagten. Als 1867 Strauß mit dem Wiener Männergesangsverein im Dianasaal seinen Walzer »An der schönen blauen Donau« uraufführte, fiel dieser, der später so etwas wie eine Wiener Nationalhymne wurde, mit Pauken und Trompeten durch. »Den Walzer soll der Teufel holen«, sagte anschließend Johann zu seinem Bruder Josef, »aber der Coda hätt' ich an Erfolg gewünscht.«

Es war sein einziger Mißerfolg, denn Strauß wußte, wie man den Wienern etwas Neues und Ungewohntes schmackhaft machen konnte. Er nutzte seine Beliebtheit und den Zulauf, den seine Konzerte hatten, um als erster in Wien die Musik Richard Wagners bekannt zu machen, indem er sozusagen im Digest-Verfahren in seinen Konzerten auch Musik von Wagner spielte.

Zu dieser Zeit hatte Richard Wagner in der Musikstadt Wien noch einen schweren Stand. Hier lebte sein erbitterter Gegner, der Kritiker-Papst Eduard Hanslick. Als man diesen nach der Premiere des *Tristan* fragte: »Nun, Herr Doktor, wie hat Ihnen die Oper gefallen?«, antwortet Hanslick sibyllinisch: »Vieles gefällt mir recht gut, vieles gefällt mir nicht.« Und als der Wagnerianer insistierte, was ihm denn zum Beispiel nicht gefalle, meinte Hanslick nachdenklich: »Zum Beispiel – die Musik.«

Das war 1883, im Todesjahr Richard Wagners. Dabei sollte der *Tristan* schon gut 20 Jahre vorher in Wien über die Bühne gehen. Im Oktober 1861 kam Wagner selbst nach Wien, um hier die erste *Tristan*-Probe zu leiten. Es folgten 77 weitere Proben, aber keine Premiere, denn im Frühjahr 1863 setzte der damalige Hofoperndirektor Matteo Salvi *Tristan und Isolde* mit der Begründung, die Oper sei »unspielbar«, wieder ab. Die Musiker des Hofopernorchesters kommentierten in Wien die Begründung so: »Des is a Oper, wo unser Direktor net amal umblatteln kann.«

Johann Strauß dagegen konnte »umblatteln« und dirigierte bereits 1861 in einem Konzert erstmals Auszüge aus dem *Tristan*. Vier Jahre später wurde die Oper dann in München uraufgeführt.

Aber auch die Ablehnung eines konservativen Musikpublikums brachte Wagner in Wien schon Popularität. Bereits 1857 hatte Johann Nestroy im Carl-Theater in der Leopoldstadt als Landgraf Purzel in der *Thannhäuser*-Parodie eines anonymen Librettisten einen riesigen Erfolg. Eine *Lohengrin*-Parodie eineinhalb Jahre später brachte es dagegen nur noch auf 16 Aufführungen.

Nestroys große Beliebtheit beruhte nicht zuletzt auf seinen oft aktuellen und manchmal auch politischen Extempores. In Wien geht man ins Theater, um sich zu amüsieren oder um seine Lieblingsschauspieler zu sehen, und am besten ist es, wenn sich beides verbinden läßt. Die Komiker – mit oder ohne Charakter – und die Entertainer hatten schon immer die besten Chancen, beliebt zu werden. Die lange Liste beginnt bei dem Hanswurst-Erfinder Joseph Anton Stranitzky, der 1705 nach Wien kam, und reicht über Nestroy, Alexander Girardi bis hin zu den heutigen Publikumslieblingen Fritz Muliar und Otto Schenk. Alle bedeutenden Komödianten in Wien hatten und haben darüber hinaus eine große Begabung fürs Entertainment. Das äußerte sich und kommt zuweilen auch noch heute vor im Extemporieren und im Stegreifspiel. Beides hat in Wien eine lange und bedeutende Tradition.

Das hatte zu Zeiten Nestroys seinen ganz besonderen Reiz, denn die strengen Zensurbestimmungen unter dem Kanzler Metternich belegten Stegreifspielen und Extemporieren mit saftigen Strafen. Jedes Theaterstück, bevor es zur Aufführung gelangte, jedes Buch, ehe es gedruckt wurde, mußte der Zensurbehörde vorgelegt werden. Zum Ärger der Autoren, Theater und Verleger entschied diese häufig nicht nur spät, sondern oft auch willkürlich. Nestroys Zeitgenosse Franz Grillparzer mußte lange warten, bis er die Genehmigung zur Aufführung seines Stückes *König Ottokars Glück und Ende* erhielt. Als er danach den Zensor fragte, warum er so lange gezögert habe, schließlich sei das doch eine Verherrlichung des Hauses Habsburg, meinte der: »Schaun Sie, eigentlich hab ich gleich gesehen, daß in dem Stück nichts Gefährliches enthalten ist. Aber dann hab ich mir gedacht: Man kann nie wissen!« Grillparzer, im Hauptberuf selbst Hofbeamter, zeigte Verständnis.

Nestroy kam dagegen immer wieder mit der Zensur in Konflikt. Als einmal die Bäckerinnung beschloß, statt die Preise der Semmeln zu erhöhen, diese lieber kleiner zu backen, kam Nestroy am Abend in einem Frack auf die Bühne, dessen Knöpfe Miniatursemmeln waren. Wegen Beleidigung eines ehrbaren Handwerkerzweiges wurde er zu zwei Tagen Haft verurteilt. Wieder entlassen, fragte ihn am ersten Abend auf der Bühne sein Partner Wenzel Scholz, wie es ihm im Gefängnis ergangen sei. Nestroy reimte:

»Das Hungern, Freunderl, braucht im Arrest net sein,
Man schob mir die Semmeln beim Schlüsselloch rein!«

Natürlich waren solche Extempores auf den geheiligten Brettern des Hofburgtheaters nicht möglich. Dort erbaute sich ausschließlich der Adel und das gehobene Bürgertum bei den klassischen Hervorbringungen der Dichtung. Aber in den zahlreichen Theatern der Vorstadt, die vorzugsweise das »einfache Volk« zum Publikum hatten, war das Stegreifspielen gang und gäbe. Heute gibt es nur noch eine Stegreifbühne, aber das Publikum erwartet bei den Couplets in Raimund- oder

Nestroy-Stücken immer noch aktuelle Zusatzstrophen und darf manchmal auf zeitbezogene Extempores der Darsteller hoffen.

Das Burgtheater, von Kaiser Josef II. zum Nationaltheater erklärt, ist den Wienern noch immer ein Heiligtum, Burgtheaterschauspieler/in noch immer das höchste Ziel der Komödiantengilde und der Titel Kammerschauspieler/in (bis vor einigen Jahren den Mitgliedern der »Burg« vorbehalten) ist gleich der Verleihung eines Adelstitels, ähnlich wie der Titel Kammersänger/in an der Oper.

Im Gegensatz zum Adel, der – wenigstens offiziell – bald nach der Geburtsstunde der Republik abgeschafft wurde, kann man in den »Theateradel« noch immer erhoben werden, so wie auch ein Opern- oder Burgtheater-Direktor noch Hofrat werden kann.

Ein letztes Relikt der Monarchie entfernte erst Claus Peymann, als er 1986 Burgtheater-Direktor wurde: das Vorhangverbot. Bis dahin war es nicht üblich, daß die Schauspieler nach Schluß der Vorstellung vor dem Vorhang den Applaus des Publikums entgegennahmen (es sei denn, es gab eine Benefizvorstellung für einen bestimmten Schauspieler, etwa zu einem Bühnenjubiläum), denn alle Huldigung im Hofburgtheater hatte nur dem Kaiser zu gelten. Bei aller Begeisterung für »seine« Schauspieler sah das Burgtheater-Publikum in der Aufhebung des Vorhangverbotes, siebzig Jahre nach dem Ende der Monarchie, die Schlachtung einer heiligen Kuh.

Es war aber nicht die einzige »heilige Kuh«, die Peymann schlachtete. Wie jeder neue Theaterdirektor brachte auch er von seiner letzten Station in Bochum einige Lieblingsschauspieler mit nach Wien, was bedeutete, daß einige langjährige Burgtheaterstars weniger bis gar nicht mehr auf der Bühne zu sehen waren. Erst gingen sie spazieren, dann kündigten sie, ließen sich pensionieren oder gingen noch immer spazieren. Denn wer zehn Jahre am Burgtheater engagiert war, konnte von diesem nicht mehr gekündigt werden. Peymann fragte, wo das eigentlich geschrieben stünde. Doch es fand sich weder eine Verordnung noch ein dementsprechend auszulegendes Gesetz. Es war nichts als ein seit Jahrzehnten akzeptiertes Gewohnheitsrecht. Eine heilige Kuh.

Und dann hatte Peymann einen Lieblingsdichter: Thomas Bernhard, dessen Stücke er in kurzen Intervallen am Burgtheater herausbrachte, darunter den skandalträchtigen *Heldenplatz*, in dem der Autor alle Österreicher als Nazis beschimpft. Es gab Burgschauspieler, die es ablehnten, in diesem Stück eine Rolle zu übernehmen. Heute ist Thomas Bernhard tot, sein Werk weit verbreitet und anerkannt und die *Heldenplatz*-Inszenierung ein Klassiker, der im Fernsehen gezeigt wird. Außerdem handelt es sich bei Bernhard ja »nur« um Literatur und nicht um das geliebte Burgtheater und seine geliebten Schauspieler.

Auf jeden Fall hatte Peymanns Schlachten der heiligen Kühe, ob nun auf Unkenntnis wienerischen Traditionsbewußtseins oder als Provokation gedacht, fatale Änderungen zur Folge: Ein deutscher Sprachgestus ersetzte den »Wiener Klang«, und damit wurde das »Österreichische Nationaltheater« zu einer »deutschen« Bühne, zu einer der erstrangigen im deutschen Sprachraum zwar, aber eben zu einer nicht-österreichischen.

Wie es bei den Wiener Philharmonikern den von allen großen Dirigenten vielbewunderten unverwechselbaren »Wiener Klang« gibt, so gibt es einen »Wiener Klang« auch bei den Schauspielern des Wiener – nein, nicht

Burgtheaters, sondern Josefstädter Theaters. Er ist melodiös, gepflegt und altmodisch wie das Schönbrunner Deutsch. Sein Aussterben hat schon lange begonnen, und von denen, die ihn noch haben, entschwebt einer nach dem anderen in den großen Bühnenhimmel.

Auch die Wiener lechzen nach dieser Theatersprache, und sie können sich – mit Recht – keinen Schnitzler oder Hofmannsthal anders als so »gesungen« vorstellen. Denn das würde sich in Wien kein Regisseur trauen.

Zu den bedeutendsten Protagonisten dieser »gesungenen« Sprache gehörte der von den Wienern heißgeliebte Oskar Werner, der 1984 verstarb. Aber dennoch – auch ein Raoul Aslan aus Saloniki oder ein Ewald Balser aus Wuppertal lernten in Wien »singen«, und der von Claus Peymann ans Burgtheater gebrachte Gert Voss ist auf dem besten Wege, es zu lernen.

Der Schlächter heiliger Kühe und Zerstörer des Nationaltheaters teilt das Schicksal des angefeindeten Burgtheater-Direktors mit den meisten seiner Vorgänger. Dabei gibt es erstaunliche Parallelen zwischen Peymann und Heinrich Laube, der zwischen 1850 und 1867 als Erneuerer des Burgtheaters dieses zur bedeutendsten deutschsprachigen Bühne machte. Auch Laube war ein politisch engagierter Künstler, und auch er holte vorzugsweise »deutsche« Schauspieler nach Wien; unter den 86 von ihm ans Burgtheater engagierten Darstellern kamen nur zwei aus Wien und einer aus Budapest. Einige der damals »Zugereisten«, wie Bernhard Baumester (Posen), Ludwig Gabillon (Güstrow) oder Charlotte Wolter (Köln), wurden nicht nur dank ihrer Leistung, sondern ebenso durch zahlreiche noch heute kolportierte Anekdoten zu »Wiener« Legenden.

Wie es sich für ein »Nationaltheater« gehört, sind Bestellung und Verbleib eines Burgtheater-Direktors in

Wien vor allem eine politische Angelegenheit. War bei Laube noch der Kaiser höchstpersönlich befaßt, so ist es in der Republik zumindest der Ministerrat. Da mischen sich Außenminister, Innenminister oder Finanzminister und gelegentlich auch der zuständige Unterrichtsminister gern und oft kritisch in den »Fall Peymann« ein.

Doch wen kann das in Wien wundern, wo selbst die Taxifahrer mit eigenen Ansichten über die Burgtheater-Direktion aufwarten? Als es 1991 um die Verlängerung der Direktion Peymann ging, stellte sich die Inhaberin eines Trachtengeschäfts an die Spitze der Peymann-Gegner und präsentierte der Öffentlichkeit die Unterschriften von 5000 Loden-Wienern gegen die Verlängerung. In ihrem Geschäft organisierte sie eine Diskussion genannte Konfrontation zwischen dem Direktor und ihren engagierten Kunden, die den Diskussionsleiter zu dem Resümee veranlaßte: »Ich frage mich, ob wir real sind oder ob uns nicht der Thomas Bernhard erfunden hat.«

Das trifft den Nagel auf den Kopf, denn Thomas Bernhard hat die Wiener nicht erfunden, er hat sie nur abgezeichnet, zum Beispiel als raunzende Selbstdarsteller. Sie sind die geborenen Schauspieler auf der großen Bühne, die Wien heißt. Dort, auf der Gasse oder im Stammbeisl, spielen sie ihre eigenen »Stückln« vor einem kleinen Publikum, das eigentlich nur aus ihrem Gegenüber, bestenfalls aus den Umstehenden besteht. Sie sind keine Schauspieler, die sich in Szene setzen, denn sie sind bescheiden, auch wenn sie am liebsten über sich selbst reden. Die Schauspielerei ist ihre natürliche Begabung, aber so viele Schauspieler, wie es in Wien gibt, kann die ganze Welt nicht engagieren, und so begnügen sie sich damit, das Theater und die anderen, die echten Schauspieler, zu lieben und zu verehren.

Manchmal bringen sie sogar den Mut für die eigene Begabung auf. Dann spielen sie richtig Theater. Weil sie aber am liebsten sich selbst spielen wollen, wird das meistens ein Stegreiftheater. Im 19. Jahrhundert gab es davon noch eine ganze Reihe in Wien, heute existiert nur noch der »Tschauner« in Ottakring als ständige Einrichtung. Eigentlich gehört es schon lange nicht mehr der alten Frau Tschauner, sondern wird städtisch verwaltet, aber Namen und Bezeichnungen halten sich in Wien viel länger, als sie offiziell existieren. Beim Tschauner spielen sie im Sommer jeden Abend ein anderes Stück, damit sie sich nicht an den Text gewöhnen. Viele der Darsteller, die tagsüber einem bürgerlichen Brotberuf nachgehen, machen das schon seit Jahren und wurden so zu richtigen Publikumslieblingen.

So sehr mögen die Wiener das Stegreifspielen, daß es über Jahrzehnte hinweg sogar im Fernsehen eine Samstagnachmittagsendung gab: *Die liebe Familie*. Da agierten allerdings echte Wiener Schauspieler wie Franz Stoß oder Hilde Krahl oder Elfriede Ott, kurz all jene, die in Wien »ihr« Publikum haben.

Die Wiener sind eben theaternarrisch, auch wenn manche von ihnen nie in ein Theater gehen. Was sie vom Theater erwarten, ist nicht etwas »Literarisches«, sondern »a echte Hetz«, und die gibt es auch woanders, zum Beispiel beim Heurigen.

Kennen Sie eine lustige Musik?

Es gibt in Wien eine Institution, der man in dieser traditionell ausgeprägten Form auf der ganzen Welt nicht wieder begegnen kann: die »Heurigen«, die ursprünglich ganz primitiven Weinschenken der Weinbauern am Rande der Stadt. Diese Einrichtung ist älter als der Stephansdom und vermutlich älter als ganz Österreich oder der Name »ostarrichi«. Bürokratisch gesehen ist der Heurige allerdings nur 200 Jahre alt, denn erst Kaiser Josef II. legte in einer »Zirkularverordnung« gesetzlich fest, was ein Heuriger ist und zu sein hat – nämlich das, was er auch bis dahin schon war.

Danach ist ein Heuriger kein gastronomisches Unternehmen, sondern ein landwirtschaftliches, und der Heurigenwirt eigentlich kein Wirt, sondern ein Weinhauer (Winzer), dem es erlaubt ist, seine eigenen Erzeugnisse – und nur die – an seine zahlenden Gäste direkt zu verkaufen. Diese gesetzliche Grundregel wurde seit 1938 durch zahlreiche Ausnahmeregeln den Bedürfnissen der hierorts verkehrenden Weintrinker angepaßt.

Der Zulauf zu den noch rund 200 existierenden Heurigen ist so groß, daß es heute viele Heurige gibt, die gar keine sind, sondern Gasthäuser, die nur so aussehen wie Heurige. Doch der Kenner weiß den Unterschied. Sichtbar wird dieser an dem frischen Föhrenbuschen, der bei jedem echten Heurigen über dem Tor hängt, weshalb diese sich auch laut Gesetz »Buschenschank« nennen dürfen. Soviel zur vordergründigen Aufklärung.

Was aber macht, wie eingangs behauptet, den Heurigen wirklich so einmalig? Man kann zwar Wein überall trinken, doch beim Heurigen gibt es nur einen bestimmten Wein, eben den, der im Haus selbst erzeugt wurde. Auch essen kann man in jedem Gasthaus, doch was ein Heurigen-Buffet zu bieten hat, ist zugleich mehr und weniger als die klassische »Wiener Küche« kennt. (Es wird darüber, und warum das so ist, noch zu reden sein.)

Der Heurige heißt so, weil man dort einen Heurigen trinkt, wie der junge Wein der letzten Lese genannt wird. Das Wort hat also eine Doppelbedeutung, bezeichnet den Wein und den Ort, wo dieser getrunken wird. »Der Heurige ist der Wiener unter den Weinen, also ist der Wiener beim Heurigen ein doppelter Wiener«, stellte der Schriftsteller Franz Gräffer (1785 – 1852) fest. Und eben diesen Wiener in seiner typischsten Ausprägung, den trifft man am ehesten beim Heurigen. Dort begegnet er sich selbst und legt die ganze Widersprüchlichkeit seiner Seele bloß.

Der Heurige ist ein Spiegel der Wiener Seele. Hierhin geht der Wiener, um allein zu sein oder um Gesellschaft zu haben. Mit dem Blick auf das Viertelglas erinnert er sich an Vergangenes und Verlorenes oder hängt seinen unerfüllbaren Zukunftsträumen nach. In fröhlicher Gesellschaft brilliert er als Selbstdarsteller, oder er verbrüdert sich in stillem Einverständnis mit seinem unbekannten Gegenüber. Hier lacht und singt und weint er.

Auch das Singen und die Musik sind ein Ausdruck der Wiener Seele. Wenn der Wiener schon kein Schauspieler werden darf, so möchte er doch wenigstens Musiker sein. Und Amateur-Musiker und -Sänger gibt es in Wien mehr als in jeder anderen Stadt. Der Heurige und die Musik, das ist die wahre Vollkommenheit. Von Anton Bruckner, dem aus Linz stammenden Komponisten und Organisten, ist folgender Anspruch überliefert, als man eines Abends im Freundeskreis tiefsinnig über Musik diskutierte: »Aber

Leuteln, reds doch nicht so halbert daher! Trinkts in Petersdorf an einem sternhellen Juniabend in an Garten a Viertel Gerebelten, schauts auf die Glühwürmchen, horchts auf die Grillen – nachher wißts, was ein Schubert-Adagio ist.«

Petersdorf, so nennen die Wiener liebevoll den Vorort Perchtoldsdorf, der in Wahrheit schon zu Niederösterreich gehört. Dort im Süden, wo die Thermenlinie mit ihrem ausgeglichenen Klima beginnt, wächst ein vollmundiger und – wie die Wiener sagen – gschmackiger Wein, weshalb manche Wiener gerade die Perchtoldsdorfer Heurigen bevorzugen. In diesem kleinen, idyllischen Ort gibt es so viele Buschenschenken, daß »die Eichkatzln hier von einem Buschen zum anderen springen können«.

Auch Franz Schubert saß gern und oft beim Heurigen, am liebsten im Kreis seiner engsten Freunde. Einer von ihnen, Franz von Hartmann, notierte am 29. Juni 1828, wenige Monate vor Schuberts Tod, in sein Tagebuch: »Mit Enk und Louis, nachdem wir auch Schubert aufgegabelt hatten, nach Grinzing. Alle vier rauschig, mehr oder weniger, besonders aber Schubert.« Die Landpartien der Freunde, zu denen unter anderen auch die Maler Moritz von Schwind und Leopold Kupelwieser oder die Dichter Eduard von Bauernfeld, Johann Mayrhofer und Franz von Schober gehörten, endeten meist feuchtfröhlich bei einem Heurigen. Noch heute werden solche musikalisch-literarischen Ausflüge »Schubertiaden« genannt.

So wie bei einem Wiener Heurigen grundsätzlich alle Standesunterschiede aufgehoben sind, so kennt der Wiener auch bei »seiner« Musik keinen wesentlichen Unterschied, ob es sich nun um ein Schubert-Adagio, einen

Strauß-Walzer oder ein populäres Wienerlied handelt. Er ist ein pauschaler Musikliebhaber.

Die Frage, ob die Wiener Musik – welcher Art auch immer – eine heitere oder gar fröhliche sei, ist schwer zu beantworten. Der Wiener selbst unterscheidet eher zwischen melancholisch-heiterer und traurig-fröhlicher Musik. Denn er ist in tiefster Seele ein Melancholiker. »Kennen Sie eine lustige Musik?« fragte Schubert einmal einen Freund. »Ich nicht.«

Melancholie und Lebensfreude sind für den Wiener kein Widerspruch, das kommt ganz besonders in den Wienerliedern, die oft und gern beim Heurigen erklingen, zum Ausdruck. »Erst wann's aus wird sein, mit aner Musi' und mit'n Wein ...« lautet der Refrain eines bekannten Wienerliedes. Und ein anderes beginnt:

»Wann i amal stirb, stirb, stirb,
müss'n mi' d'Fiaker trag'n
und dabei Zithern schlag'n,
weil i das liab', liab', liab',
spielt's an Tanz laut und hell,
allweil fidel!«

Auch ohne die Musik zu kennen, lassen die Wiederholungen von »stirb« und »liab« und natürlich die letzte Zeile vermuten, daß die Melodie dazu nicht nur rhythmisch ist, sondern auch ganz fröhlich klingt. Im Lachen, das das Leben bejaht, schwingt zugleich das Bewußtsein von der Endlichkeit dieses Lebens mit. So erzählen die Wienerlieder nicht ausschließlich, aber doch sehr häufig vom Abschied und vom Sterben.

In der Erkenntnis all dieser Lieder steckt die große Weisheit, daß das Leben in Wien auf das Sterben ausgerichtet ist. Deshalb muß man nicht traurig sein, denn das

Sterben ist ein Teil des Lebens, sein letzter Teil, in gewisser Weise sogar sein Höhepunkt.

Es ist ein großer Irrtum zu behaupten, zur Wiener Seele gehöre die Todessehnsucht. Nicht auf den Tod wartet man, sondern das Sterben ist es, das bewußt erwartet und erlebt wird. Und wer diesen Höhepunkt seines Lebens erreicht hat, wer das Sterben »erlebt« hat – und nun tot ist, dem gibt man ein großes Fest. Das nennt man in Wien ein »Leichenbegängnis«, was im Grunde viel mehr bedeutet als ein schlichtes Begräbnis.

Die »schöne Leich« ist die barocke Sehnsucht des Wieners, denn Österreich ist ein durch und durch katholisch geprägtes Land. Was sich der Wiener vielleicht zeit seines Lebens nicht leisten konnte, das erspart er sich oft lebenslang für den Tod. Dafür wurden in den Gasthäusern des 17. Jahrhunderts die Leichenvereine gegründet. Einmal in der Woche kam man in feuchtfröhlicher Runde zusammen und zahlte in die Kasse seines Vereins ein. Heute, wo es Kranken- und Sterbekassen gibt, wandelten sich die Leichenvereine in Sparvereine. Noch immer kommt man wöchentlich in seinem Stammbeisl zusammen, um einzuzahlen, was der Kassier dann auf die Bank trägt, die den Sparvereinen oft besondere Konditionen einräumt. Man spart halt nicht mehr auf den Tod, sondern auf Weihnachten.

Die Wiener sind ein sparsames Volk. Sie kosten ihr Leben selten in vollen Zügen aus, sondern – wie Albert Paris Gütersloh in seinen »Wörterbüchern« feststellt – »in kleinen Schlücken aus einem großen Glas, das gewiß wieder gefüllt worden wäre, wenn sie entschlossen – entschlossen auch zum Verdursten – es ausgetrunken hätten. So kommen die wildesten Verschwender über eine kleinliche Sparsamkeit nicht hinaus ...«

Im Bewußtsein seines eigenen genügsamen Leichtsinns bewundert der Wiener souveränes Gönnertum bei anderen, imponiert ihm sogar der stilvolle Hochstapler. Aber seine Bewunderung ist neid- und nicht liebevoll. Nicht selten erweckt es in ihm sogar Mißtrauen, wenn ihm etwas oder jemand imponiert.

Ein Paradefall dafür war die Geschichte des stadtbekannten Lebemanns Severin von Jaroszynski, auch wenn sie sich schon im biedermeierlichen Wien zugetragen hat. Jaroszynski, der sich als Hochstapler Zugang zu den ersten Gesellschaftskreisen Wiens verschafft hatte, erlangte schließlich große Popularität durch sein Verhältnis mit der beliebten Schauspielerin Therese Krones, als Partnerin von Ignaz Schuster und Ferdinand Raimund der Publikumsmagnet am Leopoldstädter Theater. Obwohl sie 1830 im Alter von nur 29 Jahren starb, blieb die Krones, die 1826 Raimunds erste »Jugend« im *Bauer als Millionär* war, bis heute eine der großen Legenden des Wiener Theaters.

Die mit natürlichem Witz und allen Reizen der Jugend ausgestattete Krones und der gutaussehende, elegante Jaroszynski waren ein schönes Paar, um das man sich in den Salons der Wiener Gesellschaft riß. Da wurde 1827 offenbar, daß der durch seinen aufwendigen Lebensstil tief verschuldete Jaroszynski in Wahrheit ein gemeiner Verbrecher war, der seinen ehemaligen Lehrer, Professor Blank, ermordet und dessen Ersparnisse geraubt hatte. Als er ahnte, daß man ihm auf der Spur war, gab er in seiner Wohnung im Trattnerhof am Graben ein Abschiedssouper vor seiner geplanten Flucht. Gerade hatte die Krones ihr Erfolgscouplet »Brüderlein fein ...« vollendet, als die Polizei erschien und den Hochstapler verhaftete.

Zwar wurde die Krones bei ihrem nächsten Auftritt ausgepfiffen, aber schon bald hatte das Publikum der gefeierten Schauspielerin wieder vergeben. Jaroszynski wurde zum Tode verurteilt und am 30. August 1827 bei der »Spinnerin am Kreuz« gehenkt. Der Mantel, den er bei der Tat getragen hatte und der die Polizei auf seine Spur führte, hatte einen ausgefallenen Schnitt. Mäntel dieser Art nannten die Wiener von da an »Galgenmäntel«.

Höchst aufschlußreich ist aber, was ein damaliger Zeitungsjournalist über den letzten Weg des Gauners berichtete: »Der Zug hatte etwas Feierliches – er konnte es eine Art Malefiztriumph vor dem Tode nennen: denn halb Wien war auf den Beinen. Die Glocken der Thürme, an welchen er vorüberzog, wurden geläutet, die Trommeln seiner militärischen Ehrenwacht klangen gedämpft, ringsum wogte die Menschenmasse; es war ein heitrer Tag und er konnte wahrlich mit der respectueusen Spazierfahrt zufrieden sein. Der arme Sünder hatte eine Schlafmütze auf, stand aufrecht im Wagen ziemlich phlegmatisch, die Menschenmenge überschauend … Hinter ihm folgte ein langer Zug Equipagen fast durchaus mit Damen – sage: Damen besetzt. Ich hielt das für Artigkeit oder mitleidvolle Grabgeleitung für den zu Hängenden. Aber sie machten bloß diese elegante Morgenspazierfahrt zum Vergnügen und wollten noch vor dem Frühstücke den armen Strickkandidaten baumeln sehen; und dazu hatten sie sich so reizend geschmückt, die Wangen waren rosig angeweht von der Morgenluft, manche, die nicht ausgeschlafen hatten, gähnten allerliebst und zeigten schöne Zähne, alle aber schienen mir recht heiter und vergnügt dem Lustspiele entgegen zu fahren. Es ist ein weicher, rührender Herzenszug …«

Extravagante Persönlichkeiten faszinieren die Wiener auch heute noch. Bei den Malern Ernst Fuchs oder Leherb sind es weniger deren Werke als ihre phantasievolle Erscheinung oder ihr Lebensstil. Als Fuchs von einem neugierigen Besucher einmal gefragt wurde, ob er das bunte Käppi, das sein Markenzeichen ist, auch des Nachts trage, erwiderte er: Nein, das Käppi ruhe für sich auf einem Tischchen im Schlafzimmer, und auch sein Rolls-Royce schlummere allein in der Garage. »Nur meinen Bart breite ich am Abend über der Bettdecke aus.«

So sehr die Wiener ihre Vorzeige-Künstler wie den Maler Hundertwasser oder den poetischen Tausendsassa André Heller bewundern, ihre echte Liebe gehört eher jenen bodenständigen Naturen, mit denen sie sich bis zu einem gewissen Grade identifizieren können und von denen nur wenige über ihre lokale Berühmtheit hinausgelangen. Und natürlich lieben sie am meisten die Entertainer und Sänger, von Peter Alexander bis zu Udo Jürgens, von Wolfgang Ambros bis zur »goscherten« Jazz-Gitty.

Als im Jahr 1971 Wolfgang Ambros mit dem Lied »Da Hofa« auftrat, wurde er mit einem Schlag zum Szene-Star der Wiener Jugend. Das Dialekt-Lied (Text von Joesi Prokopetz) erzählt davon, wie die spießbürgerlichen Nachbarn vor dem Haus eine Leiche im Rinnsal finden und sofort den Außenseiter Hofer als den Mörder verdächtigen (»da Hofa woas ...«), bis der Hausmeister das Opfer selbst als den Hofer identifiziert. Da wurde ein typisches Vorurteil zur Populärsatire. Daß das Lied trotzdem ein Schlager wurde, verdankt es seiner Art der Darstellung, seiner Musik und seiner Dialektsprache. Es löste eine Welle von weiteren Dialektsongs in der erwachenden Wiener Liedermacher-Szene aus.

Gerhard Bronner, intimer Kenner nicht nur des Wiener Kabaretts, sondern auch der populären Musikszene, erklärt sich den Erfolg so: »Der Dialekt im Gesang ist meiner Ansicht nach eine Frage der Ehrlichkeit. Die wenigsten Menschen in Österreich wachsen mit der hochdeutschen Sprache auf. Wenn man in der Sprache, in der man denkt, in der man fühlt und in der man großgeworden ist, ein Lied singt, klingt das viel glaubwürdiger. Von Wien ist diese Welle ausgegangen, daß man zur modernen Musik auch in der Sprache singen kann, in der man wirklich denkt.«

Es sind offensichtlich die sprachliche Verbundenheit und die gemeinsame Musikalität, die es möglich machen, daß sich die Hörer mit dem Sänger identifizieren können.

Die prominente Größe, die sich aus so einer Popularität entwickelt, das ist die einzige Größe, die die Wiener vorbehaltlos anerkennen, das sind die Stars, die sie ohne Mißtrauen und Neid lieben können. Und so ein Star ist seit einem Vierteljahrhundert dieser Wolfgang Ambros, »die Nummer Eins vom Wienerwald«.

Wen kann es da noch wundern, wenn selbst ein Jubiläums-Lied wie das folgende zu einem Ambros-Hit wird:

»Es lebe der Zentralfriedhof
und alle seine Tot'n,
da Eintritt is für Lebende
heut ausnahmslos verbot'n.
Weu da Tod a Fest heut gibt
die ganze lange Nacht,
und von die Gäst ka anziger
a Eintrittskarten braucht.

Wanns Nacht wird über Simmering,
kummt Leb'n in die Tot'n,
und drüb'n beim Krematorium
tan's Knochenmark abbrat'n.
Durt hint'n bei der Marmorgruft,
durt stehngan zwa Skelette,
die steß'n mit zwa Urnen an,
und saufen um die Wette ...«

Und der Refrain lautet:

»Am Zentralfriedhof ist Stimmung
wia's sein Lebtag no net war,
weu alle Tot'n feiern heute
seine ersten hundert Jahr.«

Des Reiches größtes Wirtshaus

Im 19. Jahrhundert, als die Stadt noch vom Linienwall umgeben war, an dem der Magistrat auf Naturalien wie Wein oder Erdäpfel einen Einfuhrzoll erhob, bevorzugten die Wiener für ihren sonntäglichen Ausflug zwei Ziele: das eine war der Prater, jenseits des Donaukanals, das andere der direkt vor der »Linie« gelegene kleine Ort Neulerchenfeld.

Dieser erst um 1700 entstandene Vorort zwischen der »Linie« und dem Weindorf Ottakring war bereits 100 Jahre später das Mekka der Wiener Zecher und Hetzsucher. Von den 156 Häusern, aus denen damals der Ort bestand, besaßen 103 die Schankgerechtigkeit. In seinen *Wanderungen und Spazierfahrten in die Gegenden um Wien* erhob der Kulturhistoriker Franz Anton de Paula Gaheis (1763 – 1809) den Ort in den Rang, »des Heiligen Römischen Reiches größtes Wirtshaus« zu sein.

In der Zeit des Biedermeier, so wird berichtet, drängten sich an einem sonnigen Sonntag in den Schenken und Wirtshäusern, die die dreizehn kleinen Gassen säumten, 15.000 bis 20.000 Wiener. In einem Reiseführer von Anton Schmidl heißt es 1843: »Auch der Wiener Pöbel hat seine Landsaison! Er feiert sie im Neu-Lerchenfelde, einem Dorf, dicht außer der gleichnamigen Linie, welches eigentlich bloß aus Wirtshäusern und Gärten besteht. Hier ist das Reich, wo Bacchus mit seinem ganzen Gefolge schaltet und waltet. Die Luft erdröhnt vom Geschrei und Gejauchze …«

Ein wesentlicher Grund für die Saison im »Trinker-Eden«, wie der Biedermeier-Dichter Ferdinand Sauter

Neulerchenfeld genannt hat, war die erwähnte Zollgrenze, die das Trinken und auch das Wirtshausessen außerhalb der Stadt billiger machte. Als Ende des Jahrhunderts Zoll und Linienwall verschwanden und Stadtbahn und Gürtelstraße Platz machten, starb in Neulerchenfeld bald ein Lokal nach dem anderen. Einige davon veränderten sich nach 1900 in den Ort einer eben neu aufgekommenen Lustbarkeit, nämlich in ein Kino. Als 60 Jahre später auch Wien vom allgemeinen Absterben der Lichtspieltheater erfaßt wurde, endete die Karriere dieser Häuser als profaner Supermarkt.

Rund 6000 Restaurants, Gastwirtschaften und Beisln gibt es heute in Wien, und das ist für eine Stadt mit 1,6 Millionen Einwohnern nicht gerade wenig. Auch der Wurstlprater – offiziell heißt er eigentlich Volksprater – war ursprünglich nichts anderes als eine Ansammlung von Wirtshäusern, die in ihren Gärten zur Unterhaltung der Gäste Kegelbahnen, Hutschen (Schaukeln) und Ringelspiele errichteten, aus denen mit der Zeit der heute bekannte Vergnügungspark mit Kuriositätenkabinetten, Geisterbahnen, Karussells, Schießbuden und Spielhöllen wurde. Der Kern und das Ziel einheimischer Prater-Besucher sind letztlich aber immer noch die zahlreichen verstreut liegenden Wirtshäuser im Wurstlprater.

Wer nun aber glaubt, der gastronomisch blühende Wirtschaftszweig profitiere allein von der Freß- und Sauflust der Wiener, der irrt – überwiegend oder doch zu einem wesentlichen Teil. Es ist das unstillbare Verlangen des Wieners nach Kommunikation, das ihn zu allen Tages- und gelegentlich auch Nachtzeiten treibt, ein Gast-, Wirts- oder Kaffeehaus aufzusuchen. Einsamkeit kann er ertragen, aber nicht das Alleinsein.

Es liegt am Identitätsproblem (auf das an anderer Stelle noch einzugehen sein wird) des Wieners und an seinem Vergangenheitsbewußtsein, daß er mehr oder weniger einem Hang zur Egozentrik nachgehen muß, um über die Zweifel seines Lebens nicht zu verzweifeln. Diese eher uneitle Form der Egozentrik braucht sogar die Einsamkeit. Es ist die Erbkrankheit, an der der Wiener leidet und gegen die er nur ein Mittel kennt: Gesellschaft.

»Man kann allein sein, ohne sich allein zu fühlen – das ist dem Wiener die liebste Form der Geselligkeit«, erkannte Otto Friedlaender, und er meinte damit das Kaffeehaus. Das bezeichnete bereits schon Peter Altenberg als idealen Fluchtort für alle Notsituationen:

»Du hast Sorgen, sei es diese, sei es jene – Kaffeehaus!
Sie kann, aus irgendeinem, wenn auch noch so plausiblen Grunde, nicht zu dir kommen – Kaffeehaus!
Du hast zerrissene Stiefel – Kaffeehaus!
Du hast 400 Kronen Gehalt und gibst 500 aus – Kaffeehaus!
Du bist korrekt sparsam und gönnst dir nichts – Kaffeehaus!
Du findest keine, die dir paßt – Kaffeehaus!
Du stehst innerlich vor dem Selbstmord – Kaffeehaus!
Du haßt und verachtest die Menschen und kannst sie dennoch nicht missen – Kaffeehaus!
Man kreditiert dir nirgends mehr – Kaffeehaus!«

Über das Wiener Kaffeehaus ist so vieles und Bedeutendes geschrieben worden, daß ich nicht noch mehr Eulen ins wienerische Athen tragen möchte. Wichtig zu wissen ist nur, daß es weniger ein Ort der Gastronomie als einer der Kultur oder – wie Alfred Polgar vom Café

Central behauptete – der Weltanschauung ist. Und was Polgar über das Central sagte, betrifft – weitgehend – noch heute jedes Kaffeehaus in Wien, daß es nämlich »unterm wienerischen Breitengrad am Meridian der Einsamkeit« liege.

Ein richtiges Kaffeehaus in Wien ist ein Ort der Stille. Aber da wir in einer viel lauter gewordenen Zeit leben, ist diesem Ort eine bei aller Gemütlichkeit fröhlich lärmende Konkurrenz erwachsen, und zwar erst in der zweiten Hälfte unseres Jahrhunderts: Ich meine das Beisl, dessen Herkunft und Funktion einiger Erklärungen bedarf.

Ganz allgemein kann man feststellen, daß das Wiener Beisl ein kleines, einfaches Wirtshaus ist, nicht unähnlich dem, was man in deutschen Landen eine Kneipe, noch besser: eine Stammkneipe, nennt. Der wesentliche Unterschied ist aber, daß in einem Beisl sowohl der Wirt als auch die Gäste Wiener sind, also von der Atmosphäre über die Trinkgewohnheiten bis zur Speisekarte ein lokaltypischer Wesensunterschied besteht.

Ein Beisl ist nichts Heruntergekommenes, sondern etwas Aufgestiegenes, was sich schon aus dem Bedeutungswandel des Wortes selbst erklärt. Es entstammt nämlich der Gaunersprache, dem Rotwelsch, das, in vielem auf das Jiddische zurückgehend, manche Bereiche der Wiener Vulgärsprache befruchtet hat. Im Jiddischen meint »bais« oder auch »baiz« soviel wie Haus oder Spelunke. So war noch im 19. Jahrhundert ein Beisl ein übel beleumdetes kleines Wirtshaus, in dem vorwiegend Gaukler, Taschendiebe oder Zuhälter, die man in Wien Strizzis nennt, samt zugehörigem Anhang verkehrten.

Heute hat sich der Begriff nicht nur stark erweitert – es gibt in jedem Grätzel, in vielen Gassen gleich mehrere Beisln –, sondern auch dahingehend gewandelt, daß man mit dem Beisl Gemütlichkeit, ja Vertrautheit assoziiert. Der ehemalige und noch immer sehr populäre Wiener Bürgermeister Helmut Zilk definiert das so: »Es ist eine Gemütlichkeit, die gewachsen ist, die mit den Beziehungen der Menschen, die sich hier aufhalten, in Zusammenhang steht und die daher auch nicht von geschickten Innenarchitekten beliebig herstellbar ist. Die Qualität des guten Beisls ist die Atmosphäre von Vertrautheit, ja Intimität, die hier zwischen Wirt, Kellnern und Gästen besteht.«

In der Tat rekrutiert sich ein gut Teil der Klientel aus Stammgästen. Jeder Wiener hat »sein« Stammbeisl oder sogar deren mehrere. Das geht so weit, daß sie in manchen Beisln ihr eigenes gekennzeichnetes Wein- oder Bierglas haben, in dem ihnen der Kellner – unaufgefordert! – das Übliche, nämlich das, was sie praktisch immer bestellen, wenn sie es überhaupt bestellen müssen, bringt: ein Viertel Rot oder ein Viertel Weiß, ein Seidel oder ein Krügel Bier. Man trinkt halt das, was man immer trinkt.

Das war schon immer so, ist eine Maxime des Wieners, warum soll man's ändern? Natürlich kann es im Laufe der Zeit auch mal zu einem heftigen Streit zwischen dem Wirt und seinem Gast kommen, so grundlegend gar, daß der Gast beschließt, seine jahrelangen Besuche einzustellen. Beleidigt will er den Wirt durch den Verlust eines Stammgastes strafen. Doch nach einer Weile bemerkt er, daß die Strafe ihn selbst noch mehr trifft, es geht ihm nicht nur das Beisl ab, sondern ebenso die übrigen seit Jahren vertrauten Gäste und Freunde. Von seiner ganz zufällig wirkenden Rückkehr nach Wochen oder gar Monaten wird dann möglichst kein großes Aufsehen gemacht. So stellt sich am ehesten die alte Vertrautheit wieder ein.

Denn die Gefahr von mehr oder weniger heftigen Auseinandersetzungen in solchen Beislrunden ist immer latent. Da ist einmal der Alkohol, der manche Gemüter leicht zur Streitlust erhitzt; da ist die oft Jahre alte Kenntnis des Gegenüber, man weiß, wo die Verwundbarkeiten, die Fehler und Schwächen der anderen Stammgäste oder auch des Wirts zu treffen sind; und schließlich gelten in einem Beisl andere Rituale als unter Arbeitskollegen oder innerhalb der Familie. Beisl-Freundschaften halten die Balance zwischen Vertrautheit und Unverbindlichkeit, die Bekanntschaft verpflichtet zu nichts, notfalls nicht einmal zu besonderer Freundlichkeit und Rücksichtnahme.

Trotzdem kann es durchaus zwischen dem Wirt und den Gästen untereinander einen engen Zusammenhalt geben, zum Beispiel durch die Zugehörigkeit zum hier residierenden Sparverein. Und wenn gar einer aus der Runde – Gott behüte! – stirbt, dann hängt nicht nur die Parte (Todesanzeige) an der Theke, sondern da wird natürlich für einen Kranz gesammelt, und gemeinsam geht man auf die »Leich«; der Leichenschmaus ist von den verständnisvollen Verwandten sowieso im Stammbeisl des Verblichenen angesetzt.

So ein Leichenschmaus ist in Wien eine eher fröhliche Angelegenheit, bei der man den Toten so oft es geht hochleben läßt, etwa mit dem Spruch »No schau, Oider, jetzt host es hinter dir!« Es ist das Leben mit der Angst vor dem Tode, das er nun hinter sich hat, das Leben im Bewußtsein seiner Endlichkeit, das nun ausgestanden ist. »Wer die Welt nicht vergißt, für den kann es gar kein' Himmel geben«, sagt Nestroy. Und das entspricht ganz den Vorstellungen der antiken Dichter, wonach das Reich des Todes jenseits des Flusses Lethe liegt, aus dem man Vergessen trinkt.

Als dieser Johann Nestroy an einem Maitag des Jahres 1862 auf dem Währinger Friedhof zu Grabe getragen worden war, erschien wenig später bei der Bieglerin, einem Heurigen in Dornbach, sein bester Freund, der Komiker Wenzel Scholz, um sich hier von den Tänzen und Märschen der beiden Musiker aufheitern zu lassen. Es waren der 14jährige Anton Strohmayer, der später ein Mitglied des legendären Schrammel-Quartetts werden sollte, und sein Vater. Die Heiterkeit der Musik, die Scholz bei der Bieglerin suchte, ist nur eine andere, angenehme Form der Traurigkeit. In Wien liegen eben die unterschiedlichsten Gefühle dicht beieinander.

Scholz, Nestroy oder Ferdinand Sauter und sein »Trinker-Eden« Neulerchenfeld wurden hier stellvertretend für die Wirtshauskultur des 19. Jahrhunderts genannt. Doch die erwähnte Zahl von rund 6000 Gastronomiebetrieben heute beweist, daß die Tradition ungebrochen ist. Und – ehrlich gesagt – das Kommunikationsbedürfnis der Wiener ist nicht der einzige Grund für die Beliebtheit von Kaffeehäusern, Beisln und Restaurants. Der Wiener ist nicht nur gern in Gesellschaft, er ißt und trinkt auch gern in Gesellschaft. Er hat sogar Grund dazu: Wien ist die einzige Großstadt, die sich als eigene Weinregion deklariert, und die Wiener Küche hat nicht nur Weltruf, sondern ist eben auch wirklich die einzige, die sich nach einer Stadt benennt.

Dem kulinarisch erfahrenen Gast wird die Wiener Küche auf den ersten Blick als eine Konzentration, um nicht zu sagen ein Sammelsurium, der bekanntesten Gerichte aus den Kronländern der ehemaligen Monarchie erscheinen: entlehnt, übernommen, zusammengestohlen. Da kamen das Gulasch und andere Arten von gedünstetem Rindfleisch aus Ungarn, die Knödel und Kolatschen aus dem Böhmischen, das Wiener Schnitzel aus Mailand, die gefüllten Paprika und die diversen Strudel aus der jiddischen Küche.

Doch so einfach ist die Sache gar nicht, denn die Anleihen, die die Wiener Köche und Köchinnen genommen haben, gerieten ihnen zuletzt doch zu etwas ganz eigenem, zum *Wiener* Saftgulasch oder zum *Wiener* Schnitzel, Gerichte, die sich in der Zubereitung und mehr oder weniger auch im Endprodukt vom übernommenen Original wesentlich unterscheiden. Die Berechtigung ihrer Eigenständigkeit bezieht die Wiener Küche vor allem aber aus einer Reihe originaler Kreationen, insbesondere aus ihrem Höhepunkt, die in den vielfältigen Variationen von gekochtem Rindfleisch besteht, dessen Krönung wiederum der berühmte Wiener Tafelspitz ist.

Auch wenn dies kein gourmet-kritisches Buch ist, muß ich an dieser Stelle leider darauf hinweisen: Selbst in Wien ist nicht immer (der echte) Tafelspitz, was als »Tafelspitz« auf der Karte steht. Denn dafür eignet sich nur ein bestimmter Teil vom »Schwanzstück«, der überdies meist etwas teurer ist als die übrigen Teile des österreichischen Rindes, denn nur heimische Rinder produzieren den Tafelspitz – nicht etwa weil sie genmanipuliert werden, sondern nach einer Verordnung des Wiener Gemeinderats vom 21. Februar 1873 wird nur hier das Rind so zerlegt, daß überhaupt der faserrichtig geschnittene Tafelspitz anfällt. Darum bekommt man eben weder in München noch in New York einen wirklich »echten« Tafelspitz.

Wahrscheinlich gäbe es ein eigenes Kapitel, die Feinheiten und Geheimnisse der Wiener Rindfleischküche zu beschreiben. Einen Begriff von ihrer ungeheuren Vielfalt konnten sich bis zum Weltkrieg Nummer zwei die Gäste des Restaurants Meißl & Schadn am Neuen Markt machen, denn es verzeichnete auf seiner Speisekarte nicht weniger als 52 verschiedene Gerichte von gekochtem Rindfleisch. Das Meißl & Schadn war eigentlich ein Hotel, und zwar »der vornehmen Bürgerlichkeit, der Gutsbesitzer, der lautlosen Gesellschaft, die niemand sehen und auch nicht gesehen werden will« (Ludwig Hirschfeld). Noch berühmter war aber sein Restaurant, das Friedrich Torberg als das »Mekka der Rindfleischesser« bezeichnete.

Der Schauspieler Rudolf Forster erinnert sich in seinem Buch *Das Spiel meines Lebens* an die »Schwemm« im Parterre, wo man mehr Wiener antraf als im noblen Restaurant im 1. Stock, das von den Hausgästen und Touristen bevorzugt wurde: »Nach den Proben saß man mittags mit Alfred Polgar bei Meißl & Schadn, delektierte sich an einem Tafelspitz. Wie jeder Kenner Alt-Wiens weiß, gerade dort ein unerreichtes Gericht ... Rothschild kam öfter zum Mocca. Er und sein Freund, der Hofrat Pick. Beide hatten sie sehr lange Beine. An ihrem Katzentischchen mußten sie sozusagen im Profil sitzen. Wenn ihr kurzes *séjour* beeendet war, zog Rothschild aus der oberen Westentasche eine Fünfguldennote, legte sie auf den Tisch und verschwand mit seinem Freund. Beide waren sehr einsilbig, ihre Unterhaltung beschränkte sich auf das Beobachten der Gäste, sie machten Lauschkes und verständigten sich nur durch Blicke.«

Der von Forster erwähnte Hofrat Gustav Pick ist übrigens der Verfasser des berühmten »Fiakerliedes«, das 1885 Alexander Giradi kreiert und in der Folge populär gemacht hat.

Das Restaurant von Meißl & Schadn war auch Schauplatz eines spektakulären Mordes: Am 21. Oktober 1916 speiste hier der »linke« Sozialdemokrat Friedrich Adler, Sohn von Victor Adler, dem Gründer der österreichischen Sozialdemokratie. Er bestellte sich Reibgerstlsuppe, anschließend Rindfleisch mit gedünstetem Kraut und zum Abschluß Zwetschkenkuchen. Dann stand er auf, zog einen Revolver und erschoß den am Nebentisch sitzenden österreichischen Ministerpräsidenten Karl Graf Stürgkh. Für dieses Attentat, mit dem er gegen die österreichische Kriegspolitik protestieren wollte, verurteilte ihn ein Ausnahmegericht zum Tode. Das Urteil wurde in eine lebenslange Kerkerstrafe umgewandelt; doch bereits 1918, nach Kriegsende, wurde Adler amnestiert, bekam ein Abgeordnetenmandat, avancierte zum Sekretär der Sozialistischen Internationale und emigrierte 1938 in die USA.

Es ist nicht zu vermeiden, in einem Buch über die Wiener auch über deren Eßgewohnheiten, über die Wiener Küche und die Bedeutung von Speisefolgen zu reden. Es ist sogar für die Wiener selbst ein vordringliches Thema. Wenn sich zwei, drei Damen auf eine nachmittägliche Kaffeejause treffen, und man redet darüber, wo und bei wem man zuletzt eingeladen war, kommt unweigerlich die Frage, was es dort zu essen gab. Wahrscheinlich nur einer Wienerin wird es gelingen, lückenlos die Speisefolgen aller Einladungen der letzten drei, vier Wochen zu reportieren, inklusive einer kochkünstlerischen Bewertung. Das konnte die Damenwelt auch schon zu jener Zeit perfekt, als man noch nicht selbst am Herd stand, sondern sich einer der damals in Wien üblichen böhmischen Köchinnen bediente. Essen und Trinken hält in Wien nicht nur Leib und Seele zusammen, sondern ist unbestritten auch eine Frage der Kultur.

Um nicht mißverstanden zu werden: Es ist hier nicht eine spezifisch wienerische Eßkultur gemeint, vielmehr handelt es sich um die enge Verbundenheit von Essen einerseits und Kultur andererseits. Die Verbindungslinie zwischen Essen und Kultur läßt sich so erklären: Orte der Gastronomie, die Wiener Gourmets und in einigen Fällen auch Gourmands besonders gern aufsuchen, gelangen irgendwann in den Status einer Wiener Institution, wie es etwa die Oper, das Burgtheater, der Musikverein oder das Künstlerhaus darstellen. Sie alle sind Stätten der gesellschaftlichen Begegnung und des kulturellen Austausches; man verkehrt dort.

Von den gastronomischen Kulturinstitutionen wurden schon das Café Central oder das untergegangene Meißl & Schadn erwähnt. Von den noch bestehenden sollen wenigstens zwei Erwähnung finden: das Hotel Sacher und die k. k. Hof-Zuckerbäckerei Demel. Natürlich ließen sich auch noch einige andere Kulturtempel nennen. Da ist etwa das Imperial, eines der weltbesten Hotels, das sich einst – im Gegensatz zum Sacher – k. u. k. Hofhotel nennen durfte und zahlreiche gekrönte und ungekrönte Kaiser und Könige beherbergte. Oder der 1619 gegründete Delikatessenhandel und Traiteur »Zum Schwarzen Kameel«, wo man noch heute den Schuldschein für eine offene Rechnung Ludwig van Beethovens aufbewahrt.

Die kulturgeschichtliche Bedeutung all dieser Stätten ist durch viele Ereignisse und Geschichten, die hier stattfanden, und noch mehr Anekdoten berühmter Gäste, die hier verkehrten, belegt, nachzulesen bei den beteiligten Zeitzeugen von Peter Altenberg und Anton Kuh bis Friedrich Torberg und Carl Zuckmayer.

Was nun das seit 1876 bestehende Hotel Sacher betrifft, so verdankt es seinen Ruf zum einen der legendären Frau Anna Sacher, die fast 50 Jahre die Geschicke des

Hauses lenkte, einem ehrfurchtgebietenden Wiener Original, das als erste Zigarre rauchende Frau in die Geschichte der Stadt einging. Ihre Lieblingsmarke war die Regalitas Media, das teuerste Produkt der k. k. Tabakregie. Als sie einmal einen Küchenjungen beauftragte, im Jagdsaal Glühbirnen auszutauschen, wandte dieser schüchtern ein: »Da, gnädige Frau, da diniert ja eben ein Herr Erzherzog mit seiner ganzen Familie – und i hab so a schmutzige Jacken an, gnä' Frau …« Darauf Frau Sacher: »Scheiß di net an, a Erzherzog kümmert sich an Dreck um di!«

Zum anderen beruht der Ruf dieses Hotels auf seiner weltweit berühmten Sachertorte. Das streng geheime Rezept, nach dem noch heute diese Köstlichkeit zubereitet wird, soll der Vater des Hotelgründers, Franz Sacher, 1832 als 16jähriger Küchenjunge im Palais des Staatskanzlers Metternich erfunden haben. Als das Hotel 1934 den Besitzer wechselte, ging auch das Rezeptgeheimnis an die neuen Eigner über.

Doch zu dieser Zeit vertrieb auch die schon seit 1776 bestehende k. k. Hof-Zuckerbäckerei Ch. Demel's Söhne am Kohlmarkt eine Original-Sachertorte. Mit Demel hatte der vom Erbe ausgeschlossene Eduard Sacher jr., Sohn des Hotelgründers, einen Lizenzvertrag für das Rezept abgeschlossen. Die Folge war der berühmte »Tortenkrieg von Wien«, der von 1938 bis 1962 juristisch ausgetragen wurde. Gewonnen hat ihn endlich das Hotel Sacher, das seitdem die einzige »Original-Sachertorte« vertreiben darf, und kulturhistorisch belegt ist dieser Streit durch ein amüsantes Feuilleton von Friedrich Torberg.

Auch über den Demel, nur ein paar Schritte von der Hofburg entfernt, ist viel geschrieben worden. Er nennt sich seit mehr als 200 Jahren eine Zuckerbäckerei, in der man zwar auch Kaffee und Torten serviert bekommen kann, ist aber nicht zu verwechseln mit einem Kaffeehaus oder einer Konditorei. Heute ließe er sich am ehesten als erhalten gebliebener Tempel der Monarchie bezeichnen. Seine Priesterinnen heißen Demelinerinnen und reden Gäste nur mit dem Titel und in der dritten Person an: »Haben schon gewählt?«

Wie die Sängerknaben, die Hofräte oder die (alten) Burgschauspieler bilden die Demelinerinnen eine eigene Kaste. Sie sind zurückhaltend grau-schwarz gekleidet und haben seit Jahrhunderten immer die gleichen Namen, egal wie sie privat getauft sind. Wenn »Fräulein Paula« wegstirbt, in die Rente geht oder gar kündigt, was einer Desertion gleichkommt, heißt ihre Nachfolgerin eben wieder »Fräulein Paula« – natürlich auch dann, wenn sie privat glücklich verheiratet ist.

Was Anton Kuh um 1930 über sie schrieb, gilt noch heute: »Die Servierdamen sind noch immer freundlich, ehrbar und würdig wie Schwestern eines adeligen Damenstifts ... In ihren Gesichtern steht die Bekümmernis über die neue Zeit, die mit Prinzen, Baronen, Lebemännern und alleinstehenden Damen aufzuräumen droht. Was ist die Welt ohne die Annehmlichkeiten des Dienens und Dankens, ohne die beglückende Folie der Nobligkeit, ohne das Jovialitätstrinkgeld aus gräflichem Munde? Sie tragen auf ihren schwarzen Blusen unsichtbare Erinnerungsmedaillons an Altösterreich. Dies geliebte, unvergeßliche Land findet hier die letzte kulinarische Ruhestatt.«

Etwa ein Vierteljahrhundert später schrieb Gerhard Bronner für vier Demelinerinnen (eine davon war Helmut Qualtinger) ein Kabarettlied, das nur nicht Demelerfahrenen Besuchern satirisch erscheint:

»Wir sind die allerletzten Hüterinnen
Einer echten Wiener Tradition,
Und wir fungieren hier als Priesterinnen
Einer fast vergessenen Religion ...

Wir kennen alle unsre Gäste,
Kennen alle ihre Titel, und wir irren uns nie.
Vom Kaiserreich die letzten Reste
Finden bei der Demel-Monarchie ...«

Für die innigen Beziehungen, die in dieser Stadt die Küche mit der Kultur, die Gastronomie mit der Geschichte eingegangen sind, steht nicht zuletzt auch der Wiener Heurige, der, solange die Geschichte zurückreicht, immer auch ein wesentlicher Teil Wiens war. Allein die Musikgeschichte, von der Wiener Klassik über das Schrammel-Quartett bis zur Operette, ist ohne den Heurigen nicht denkbar. Schubert und Bruckner als Beleg wurden schon genannt. Auch Beethoven war ein eifriger Heurigen-Besucher. Von den mehr als zwei Dutzend Wiener Wohnstätten, die seine Biographie verzeichnet, lagen die weitaus meisten in den klassischen Wein- und Heurigengegenden, wo er sich schließlich seine todbringende Leberzirrhose zuzog.

Vom Heurigen untrennbar ist die Gilde der Musikanten. Der erste namentlich bekannte war der vazierende Dudelsackpfeifer Augustin, von dem zwar weder genaue Lebensdaten noch Familiennamen bekannt sind, der jedoch nachweislich im Pestjahr 1679 den Sturz in eine Pestgrube in der Vorstadt St. Ulrich überlebt hat. Alles andere über ihn ist Legende oder Spekulation von Lokalhistorikern. Weniger glimpflich verlief der Sturz eines betrunkenen Tanzgeigers und Liedersängers namens Georg Staben, der 1706 in eine Senkgrube vor dem Stubentor fiel und daran verstarb.

Neben Dudelsack und Geige wurde bald die Harfe zum bevorzugten Instrument der Bänkelsänger, Heurigen- und Vorstadtmusiker. Auch als die Musik-Vaganten ihre Schnaderhüpfel- und Tanzmelodien längst anderen und handlicheren Instrumenten entlockten, nannte man bis zum Ende des 19. Jahrhunderts diese Gilde Harfenisten. Viele von ihnen erfreuten sich bald großer Beliebtheit beim Publikum und machten Karriere vom Heurigen bis in die großen Unterhaltungsetablissements.

Zu sogar internationalem Ruhm und musikalischer Bedeutung gelangten schließlich die Geiger Johann und Josef Schrammel, die gemeinsam mit dem Klarinettisten Georg Dänzer und dem Gitarristen Anton Strohmayer das Schrammel-Quartett bildeten. Die noch heute in Wien gespielten Kompositionen der Schrammel-Brüder machen alle Erörterungen, ob diese »Wiener Musik« nun volkstümlich oder klassisch sei, gegenstandslos. Sie wurde von Brahms und Bruckner ebenso geschätzt und anerkannt wie von Strauß und Ziehrer. Sie alle bis zu Franz Lehár und Robert Stolz gründen auf der Tradition der Wiener Heurigen-Musiker.

Der Wein und die Musik, das sind die wesentlichen Ingredienzen, die beim Heurigen die selbstverständliche und leutselige Gemeinsamkeit über alle Standes- und sonstigen Grenzen hinweg ausmachen. Und wenn der Wein und die Musik die Gäste mit der Zeit trunken machen, dann muß es auch etwas zu essen geben oder – wie der Wiener sagt – braucht es eine Unterlag'.

Noch zu Beginn des 20. Jahrhunderts gab es fliegende Händler, die mit Gebäck, Gurkerln, Käse oder Salami von Heurigen zu Heurigen gingen. Und weil dies meist

Italiener waren, nannte man sie Salamutschi. Heute macht das fast überall üppige Heurigen-Buffet dieses Gewerbe überflüssig. Das erklärt den Brauch, daß die Getränke zwar die Kellnerin bringt, das Essen man sich jedoch selbst am Buffet aussucht und holt. Es erklärt auch die gebotene Speisenauswahl, die man am ehesten noch als eine eigene Abteilung der Wiener Küche bezeichnen kann: Da gibt es neben den verschiedenen Wurst- und Käsesorten frisch vorbereitete Brotaufstriche, Salate von Tomaten, Gurken, Linsen oder Schwarzwurzeln, Gemüse roh und eingelegt, harte Eier, faschierte Laibchen und gebratene Schweinespezialitäten inklusive dem geronnenen köstlichen Bratlfett.

Unüblich sind Rind- und Kalbfleisch, verpönt die in Wien sonst so beliebten Suppen. Und sogar Erdäpfel gibt es ausschließlich in Form von Salat. Kaffee und natürlich Bier und härtere geistige Getränke sind verboten. Wo dergleichen angeboten wird, handelt es sich um ein gastronomisches Konkurrenzunternehmen mit unechtem Heurigenambiente.

Denn daß das Essen in Wien nur ein zwar wichtiger, aber hauptsächlich begleitender Nebeneffekt aller im weitesten Sinne kulturellen Veranstaltungen ist, dafür ist der Heurige ein Beweis: Er versteht sich als ein Ort, wo man zum Trinken etwas ißt – und nicht umgekehrt.

Was eine »Hetz« ist

Der aus Bayern stammende Schauspieler Werner Krauss, bereits vor dem Krieg einige Zeit am Burgtheater engagiert, kehrte 1948 endgültig in seine Wahlheimat Wien zurück. Im Gegensatz zu seinen meist heroischen oder tragischen Charakterrollen war er privat ein sehr fröhlicher Mensch. Er liebte den Wein und saß darum oft und gern beim Heurigen. Unter seinen Mitzechern waren allerdings die wenigsten Schauspieler, die meisten seiner Freunde gehörten recht bürgerlichen Berufen an.

Eines Abends machten sie sich in Grinzing den Spaß, ständig mit einem Taxi zwischen vier Heurigen hin- und herzufahren, jeweils ein Achtel hinunterzukippen, um sogleich wieder zum nächsten Heurigen aufzubrechen. Als sie bei einem zum dritten Mal angeheitert und lärmend einbrachen, stellte einer der Gäste trocken fest: »Da san s' ja wieder, die blauen Jungs!« Von da an hatte die Freundespartie um Werner Krauss ihren Namen, und noch Jahre später nannten sie sich selbst stets die »blue boys«.

Die Grinzinger Heurigen-Aktion der »blue boys« war das, was der Wiener als Hetz, vielleicht sogar als Riesenhetz bezeichnet, das Vergnügen an einem ziemlich sinnlosen und hektischen Spiel. Dabei würden es die beteiligten Akteure eher weniger für eine Hetz halten als die unbeteiligten Zuschauer, die jenes Vergnügen genossen, das die Wiener am meisten lieben: unbetroffen Zeuge eines ungewöhnlichen Ereignisses zu sein.

Wort und Bedeutung haben, wie fast alles in Wien, ihren historischen Hintergrund. Kaiser Karl VI. (1685 bis

1740) wurde nach dem Erlöschen der spanischen Linie der Habsburger 1703 zuerst König von Spanien, was den Spanischen Erbfolgekrieg auslöste, dann nach dem Tod seines älteren Bruders Joseph I. dessen Nachfolger in Wien. Hier führte er nicht nur das strenge spanische Hofzeremoniell ein, sondern auch die spanischen Tierhetzen. Dabei wurden zum Gaudium des Publikums verschiedene wilde Tiere aufeinander gehetzt.

Das erste öffentliche »animalische Spektakel« dieser Art fand 1720 im Hof des Gasthauses »Zum schwarzen Adler« in der Leopoldstadt statt. Das erste richtige Hetztheater wurde 1736 auf der Landstraße eröffnet. 1755 wurde schließlich das legendäre Hetztheater im heutigen 3. Bezirk erbaut. Es bestand weitgehend aus Holz, nur das Vordergebäude mit dem Eingang war gemauert, hatte drei Galerien und faßte 3000 Zuschauer. Die Vorstellungen im »k. k. privilegierten Hetz-Amphitheater« begannen um halb 5 Uhr nachmittags. Dazu spielte vom Balkon über dem Eingang eine Kapelle türkische Musik, denn alles Türkische war, seitdem die Türkenkriege siegreich verliefen, sehr in Mode gekommen.

Am 1. September 1796 brannte das Hetztheater bis auf den Vorbau nieder. Da Kaiser Franz von nun an die Abhaltung solcher Tierhetzen untersagte, wurde es nicht mehr aufgebaut. Damit wurde nicht nur der letzte »Hetzmeister« namens Stadelmann arbeitslos, auch die Wiener waren um eines ihrer liebsten Vergnügungen gebracht. Der Begriff Hetz für eine ungewöhnliche Belustigung oder ausgelassene Unterhaltung aber hat sich bis heute erhalten.

Wie gesagt: Eine Hetz ist etwas für die Zuschauer.

Die Wiener selbst sind durch ihre zur Melancholie neigende Veranlagung stark daran gehemmt, selbst vergnügt zu sein. Wenn einmal ein paar Jugendliche ausgelassen herumtoben und alberne Spielchen treiben, bleiben die Wiener gesetzteren Alters – und das beginnt hierorts mit vierzig – stehen und schütteln je nach Mentalität verständnislos den Kopf oder lächeln wehmütig: »So jung sein, dös ist halt a Hetz.«

Eine Hetz haben die Wiener auch an allem Ungewöhnlichen, Abnormen oder überhaupt Neuem. Ein bevorzugtes Ziel, etwas dergleichen zu erleben, war schon immer der Prater. Erst in unserer Zeit hat sich dieser zu einem Allerwelts-Vergnügungspark entwickelt, wie man ihn auch anderswo finden kann. Der Wiener will gern unterhalten werden, das bedeutet aber nicht unbedingt das Beteiligtsein an dieser Unterhaltung. Gerade deshalb war der Prater immer schon das Eldorado für die Vergnügungssucht der Wiener.

Was gab und gibt es nicht alles im Prater zu sehen und zu erleben! Die erste und einzige Weltausstellung in Wien, ein nachgebautes Venedig, Feuerwerk und Zirkus, Lauferrennen und Blumenkorso, Riesenrad und Liliputbahn, Volkssänger und Wanderkomödianten, Sterngucker und Wahrsagerinnen, Herrenreiter und Praterdirnen, Beschaulichkeit und Sensationen, Sport, Vergnügen und Laster.

In gewisser Weise ist der Prater ein Spiegel der Wienerstadt, weil es hier alles das gibt, was uns auch im wirklichen Leben begegnen kann. Aber eben im Spiegel, als Abbild, das man anschauend genießen kann, ohne wie im wirklichen Leben davon betroffen zu sein. Beliebt waren zum Beispiel, was heute in dieser Form nicht mehr möglich und gestattet ist: Die Zurschaustellung menschlicher Abnormitäten, wie siamesische Zwillinge, riesige oder besonders dicke Menschen. Die größte Attraktion über viele Jahrzehnte war aber der aus Rußland stammende Rumpfmensch Nikolai Wassiljew Kobelkoff, der ohne Arme und Beine geboren worden war. 1875 kam er nach Wien und in den Prater und machte als Schauobjekt Karriere, bis er 1933 im Alter von 82 Jahren starb. Einen behinderten Menschen daheim pflegen zu müssen, ist das wirkliche Leben. Ihn tatsächlich zu sehen und nicht persönlich von seinem Schicksal betroffen zu sein, dafür zahlte man im Prater gern ein Entree.

Kobelkoff war übrigens verheiratet und hatte mehrere Kinder, deren Nachkommen noch heute Praterunternehmer sind.

Die Vorstellung, daß der Wiener sich dem Ernst des Lebens, der oft brutalen Wirklichkeit nicht gewachsen fühlt, wäre falsch oder doch zumindest nicht ganz richtig. Denn in Wahrheit ist er eine Spielernatur, und Spielen ist immer auch mit Risiko verbunden. Ein wirklich riskanter Spieler ist er allerdings nicht, ihm genügt das kleine Risiko, bei dem der mögliche Verlust ihm das Vergnügen am Spiel nicht verdirbt.

Man braucht in Wien nur ein Kaffeehaus aufzusuchen, um die Spiellust der Wiener bestätigt zu bekommen. In vielen traditionellen Kaffeehäusern ist den Spielern sogar ein eigener Nebenraum reserviert mit entsprechenden Spieltischen für Schach oder Kartenpartien.

Schon Kaiserin Maria Theresia spielte leidenschaftlich gern, und zwar ein in Wien seit jeher beliebtes Hasard-Spiel namens Pharao, nach einem der Kartenkönige, auf den man am häufigsten setzte. Sie hatte nicht nur besonderes Glück, sondern sie trieb auch gern die Einsätze in die Höhe, weshalb sich viele Hofleute bald vom Spiel zurückzogen, und der Obersthofmeister Graf Khevenhüller, wie er 1758 notierte, »alle Mühe hatte, eine Banque zusammenzubringen und wie wollen die Kaiserin die Helffte des (Bank-)Fonds à la fin selbst zugeschossen, so wolte sich doch keine genugsame Société finden, um wie bishero einen établierten Pharao à tout heure zu haben.«

Zwei Jahre zuvor war Maria Theresias Zahlmeister Karl Dier gestorben, der schon die Privatschatulle ihres Vaters Karl VI. äußerst zuverlässig und sparsam verwaltet hatte. Kaiser Karl hatte testamentarisch verfügt, daß Dier auch seiner Tochter keinerlei Rechnungsnachweise geben müsse. Folglich rückte der ebenso treue wie sparsame Zahlmeister der leichtsinnigen und spielwütigen Kaiserin immer nur kleine Geldbeträge heraus mit dem Hinweis, mehr sei derzeit nicht vorhanden. Kurz vor seinem Tod schickte er der Kaiserin die ersparte Summe von 400.000 Dukaten mit dem Hinweis, hätte ihm der Herrgott das Leben noch bis Ostern zugebilligt, hätte er seine Herrin gern mit einer halben Million Dukaten überrascht.

Es war gewiß nicht im Sinne des treuen Zahlmeisters Dier, aber in gewisser Weise war er der Geburtshelfer des von nun an bei den Wienern so ungewöhnlich beliebten Glücksspiels. Jahrelang hatte Maria Theresia gespielt, und nun gewann sie unvermutet 400.000 Dukaten! Es war wie eine Lotterie, in die sie – in diesem Falle durch Verzicht – jahrelang eingezahlt hatte, und die ihr jetzt unvermutet das große Los gebracht hatte. Und Lotterien waren neben dem Kartenspiel die zweite Leidenschaft der Kaiserin. Wo immer sich die Gelegenheit bot, organisierte sie – großzügig und freigebig – eine Tombola oder Lotterie, in die sie selbst am meisten investierte.

So veranstaltete sie am 30. Mai 1759 eine Lotterie, dessen erster Preis das Penzinger Haus eines Hofbeamten war, der versetzt wurde und es um die benötigten 4500

Gulden nicht an den Mann gebracht hatte. Als weitere Preise stiftete sie selbst noch eine Perlenkette und andere kleine Schmuckstücke. Von den 12 Dukaten teuren Losen kaufte sie sechs, ihr Gemahl 20, und den Rest bis auf wenige die Hofgesellschaft. Der Zufall wollte es, daß sie das Haus gewann und, als sie daraufhin auch noch die restlichen Lose erwarb, fiel ihr überdies die Perlenkette zu. Das war ihr selbst zu viel Glück. Spontan schenkte sie das Haus den Kindern ihres Obersthofmeisters Khevenhüller und ließ die Perlenkette erneut ausspielen, ohne sich selbst daran zu beteiligen, denn – so sagte sie – »sonst gewinn ich's ja doch wieder weg.«

Dieses sprichwörtliche Glück der beim Volk so beliebten Herrscherin entfachte auch die Spielleidenschaft der Wiener. Und da sie diese Seite ihrer Popularität zu nutzen verstand, führte sie am 21. Oktober 1752 das Staatslotto in Österreich ein.

Das »Kleine Lotto« wurde zum staatlich sanktionierten Glücksspiel für Leute, die mit ihrem Einkommen nicht auskommen. Gespielt wird auf 90 Nummern aus der Zahlenreihe 1 bis 90, von denen bei jeder Ziehung fünf Zahlen gewinnen. Das Spiel kam aus Genua, wo man seit Beginn des 18. Jahrhunderts bei jeder Wahl der 90 Ratsherren Wetten abzuschließen pflegte, dabei traten an Stelle der Namen die Ziffern 1 bis 90. Als sich das Wettspiel von der Wahl selbst löste, war die erste Lotterie geboren.

Es war die einschlägig vorbelastete Kaiserin Maria Theresia, die die Spielleidenschaft der Wiener (und natürlich auch vieler anderer Österreicher) erkannte und zu nutzen wußte: Das Glücksspiel wurde ein Staatsmonopol. Jedes private Glücksspiel ist seitdem im Land verboten. Diese segensreiche Staatseinnahme der Habsburgermonarchie wurde 1918 von der Republik übernommen und nur zwischen 1938 und 1945 für die tausend Nazijahre ausgesetzt.

Heute gibt es, so wie in anderen Ländern, eine ganze Reihe von Möglichkeiten, sein Geld zu verspielen. Mit Ausnahme der simplen Spielautomaten ist in jedem Fall direkt oder indirekt der Staat an den jeweiligen Spielunternehmen beteiligt: Casino, Klassenlotterie, Brieflotterie, Lotto oder Toto. Darüber hinaus hält bei jeder Kugel, jedem Los oder Tippschein auch noch der Finanzminister die Hand auf.

1986 wurde in Österreich mit großem Erfolg ein neues Lottosystem eingeführt, das dem in Deutschland und der Schweiz entspricht. Dringend notwendig wurde das, weil die Österreicher jährlich eine dreiviertel Milliarde Schilling im ausländischen Lotto verspielten. Das war nicht nur ein Verlust für den Staat, sondern auch durch ein unsinniges und in der Regel gar nicht vollziehbares Gesetz verboten, ebenso wie die Teilnahme an einer ausländischen Klassenlotterie.

Der Erfolg war durchschlagend. Inzwischen füllen mehr als die Hälfte aller Österreicher regelmäßig ihren Tippschein aus, in Relation zur Bevölkerung etwa doppelt so viele wie in Deutschland und fast dreimal so viele wie in der Schweiz. »Das Glücksspiel ist jene Form der Besteuerung, bei der der Steuerwiderstand am geringsten ist«, erkannte der ehemalige Finanzminister und spätere Bundeskanzler Franz Vranitzky.

Ein anderes, regionales Steuersystem gilt für die Spielautomaten. In der Stadt Wien ist für diese merkwürdigerweise das Kulturamt im Rathaus zuständig, seitdem Anfang der achtziger Jahre Automaten, bei denen man maximal 100 Schillinge gewinnen kann, legalisiert wurden. Alle anderen fallen unter das schon bestehende Verbot. Aus den Steuereinnahmen der schätzungsweise 2500 bis 3000 in Wien aufgestellten Automaten kann das Kulturamt nahezu die Hälfte seines Budgets bestreiten.

Weil die eigene Spielleidenschaft schon manchen in diesem Lande ruiniert hat, gründete der Staat, nicht aus Schuldgefühl, sondern weil er sich als Sozialstaat versteht, einen Verein der »Anonymen Spieler«, über dessen Tätigkeit – eben weil man da ja anonym ist – bisher wenig an die Öffentlichkeit gedrungen ist.

Während ich im Theater in der Josefstadt eine Aufführung von Molières *Der Geizige* bewundere, wird mir plötzlich bewußt, daß irgendein armer anonymer Spieler mir mit seiner Leidenschaft den halben Sitzplatz finanziert hat. Es ist dies aber vermutlich kein sehr wienerisches Bewußtsein. Denn die meisten Wiener spielen zwar gern, aber nur mit kleiner Münze und kleinem Risiko. Für das große sind sie nie mutig genug.

In Johann Nestroys Posse *Einen Jux will er sich machen* reicht der Mut des Handlungsdieners Weinberl immerhin zu einem einmaligen Ausflug in seine Wunschvorstellung, »einmal ein verfluchter Kerl« zu sein, und er beschließt: »Grad jetzt auf der Grenze zwischen Knechtschaft und Herrschaft mach' ich mir einen Jux. Für die ganze Zukunft will ich mir die leeren Wände meines Herzens mit Bildern der Erinnerung schmücken – ich mach mir einen Jux!« Doch die Verwicklungen, in die alle Beteiligten durch Weinberls hochstaplerischen Ausflug geraten, belehren ihn am Schluß eines besseren: »Jetzt habe ich das Glück genossen, ein verfluchter Kerl zu sein, und die ganze Ausbeute von dem Glück is, daß ich um keinen Preis mehr ein verfluchter Kerl sein möcht'. Für einen Kommis schickt sich sowas nicht!«

Das genau ist jene Erfahrung, die tief im Bewußtsein des Wieners eingegraben ist. Er ist keineswegs kleinmütig, aber dem großen Abenteuer fühlt er sich nicht gewachsen. In weiser Resignation beschränkt er sich auf das, was er kennt und weiß und hat lieber an der Hetz der anderen sein Vergnügen. Er weiß, daß sein Traum vom großen Glück sich nur selten erfüllt. Deshalb spielt er nur mit kleinem Einsatz. Aber spielen muß er, denn würde er nicht spielen, hätte er überhaupt keine Chance. Und wovon sollte er dann träumen?

Wien — Chicago und zurück

In den Sommermonaten Juli und August ist Wien halbleer. Urlaubszeit. Die traditionell gesinnten Wiener fahren in die Sommerfrische. Das waren früher der Semmering und das Altausseerland, heute sind es eher der Wörthersee in Kärnten oder die Bergwelt Tirols. Billiger ist es allerdings im Ausland, da bevorzugen die Wiener seit jeher die Adriastrände von Jesolo und Caorle. Inzwischen ist die Welt kleiner geworden: Bangkok oder Singapur kann man in ein paar Flugstunden von Wien aus direkt erreichen. Auch Amerika. Dort heißen die Urlaubsträume der Wiener Florida, New York, Los Angeles oder San Francisco. Die 7-Millionen-Stadt Chicago bekommt dagegen eher selten Besuch aus Wien. Doch gerade diese Stadt ist seit Jahren immer wieder in aller Wiener Munde.

Für die Popularität von Chicago sorgte zuerst der Wahlslogan einer Oppositionspartei im Wiener Rathaus: „Wien darf nicht Chicago werden" las man da an allen Ecken und Enden. Das war überraschend neu, denn an diese Möglichkeit hatten die Wiener bisher noch nie gedacht. Was wußte man überhaupt von Chicago? Gelegentlich sah man im Fernsehen alte Schwarzweiß-Filme über Prohibition und Al Capone, in denen Chicago vorkam. Doch die Prohibition ist out und Al Capone längst tot.

1803 wurde die Stadt am Michigansee gegründet und ist heute mit über sieben Millionen Einwohnern das zweitgrößte Handels- und Finanzzentrum der USA, eine hochmoderne Stadt, schachbrettartig angelegt, durchzogen von kreuzungsfreien Stadtautobahnen und einer Untergrundbahn, berühmt für seine Universitäten und Museen. Es ist offensichtlich: Mit Wien ist diese Stadt in keiner Weise zu vergleichen. Warum also diese Warnung, die ein Negativbild der drittgrößten Stadt der USA impliziert, ohne zu sagen, was an Chicago denn so furchtbar negativ sei? Die Antwort ist die Rechtsaußen-Partei im Wiener Rathaus schuldig geblieben.

Inzwischen haben die Wiener eine Erfahrung gemacht, nach der sie sich nicht wundern würden, wenn nun der Bürgermeister von Chicago plakatieren würde: »Chicago darf nicht Wien werden«.

Schuld sind die mit Jahresbeginn 1997 in Österreich eingeführten Mautvignetten, ohne die die österreichischen Autobahnen und Transitstrecken nicht mehr befahren werden dürfen. Sie werden nämlich in Chicago produziert, und sogleich nach ihrer Einführung machten die in- und ausländischen Auotfahrer mit ihnen böse Erfahrungen: Zuerst gab es nicht genug Vignetten, hierorts liebevoll »Pickerln« genannt, dann wollten die Pickerln nich picken (kleben), wenn die Windschutzscheibe zu kalt oder beschlagen war (was im Winter ja vorkommen kann), und als schließlich eine slowenische Fälscherbande mit preiswerten nachgemachten Pickerln »aushalf«, stellte sich heraus, daß die nachgemachten von den fälschungssicheren echten Pickerln nur mit einem gewissen Aufwand zu unterscheiden sind. Die Gendarmerie muß die Seriennummer kontrollieren, ob sie bereits »in echt« vergeben oder ob es sie überhaupt gibt. Die falschen Pickerln sind außerdem von den echten deutlich unter UV-Bestrahlung zu unterscheiden, doch leider ist die österreichische Gendarmerie bisher noch nicht mit mobilen UV-Lampen ausgerüstet.

Das Chaos um die mißglückte Einführung der österreichischen Mautvignette provozierte im benachbarten Ausland höhnische Scherze. Un während man in Wien noch nach den Schuldigen für die Ausschreibung, Vergabe, Bestellung und Kontingentierung fahndet, steht einer der für die Schlamperei Verantwortlichen bereits fest: der Produzent im fernen Amerika. Nebenbei bemerkt handelt es sich dabei um die Chicagoer Tochterfirma eines österreichischen Unternehmens.

Aber man sollte auch das Positive sehen. Unterschwellig bis oberflächlich dringt durch solche Wahlslogans und Pickerlpleiten die Stadt Chicago immer mehr ins Bewußtsein der Wiener. Wenn also der eine oder andere New-York-Reisende doch einen Abstecher nach Chicago wagt, wird ihm beim Vergleich mit seiner Wienerstadt vor allem die Geradlinigkeit der Stadtplanung auffallen, die – ob sie ihm nun langweilig erscheint oder imponiert – Übersicht und Weitsicht gestattet, zwei Dinge, auf die man in Wien gewöhnlich weniger Wert legt – auch in der Stadtplanung.

Wieder zurückgekehrt, wandert der Chicago-Reisende nachdenklich über den Karlsplatz und wundert sich, warum man Fischer von Erlachs Karlskirche seinerzeit so schräg ins Eck des Platzes gestellt haben mag. Schon etwas weiter weg wird der größte Teil der Kirchenfront von Bäumen und Büschen verdeckt. Das war nicht immer so. Da ist ein Blick in alte Stadtpläne überraschend: Als die Karlskirche zwischen 1716 und 1737 erbaut wurde, da stand sie frei in der Aulandschaft des Wienflusses. Genau auf ihre Front zu lief einer der ältesten Straßenzüge Wiens: von der Währingerstraße durch das Schottentor über die Herrengasse und Augustinerstraße durch das Kärntnertor und über das unbebaute Glacis.

Dieser Fernblick auf das Barockjuwel Karlskirche ging zuerst durch den Bau der Oper und die weitere Ringstraßenverbauung verloren, schließlich auch durch die mehrmalige Umgestaltung des Karlsplatzes selbst. Die größte städtebauliche Veränderung begann, als der Wienfluß überwölbt und von Otto Wagner die Stadtbahn geplant und gebaut wurde. Immerhin führte damals noch zwischen den beiden heute funktionslos nur noch ihrem Denkmalcharakter frönenden Stadtbahnhäuschen eine Straße direkt auf die Kirchenfront zu. Heute gestatten die weitblickenden Stadtplaner und Stadtgärtner die Betrachtung der Kirche nur noch vom gegenüberliegenden Ufer des davor angelegten künstlichen Teiches, während sich hinter dem Betrachter ein durch erdbewegte Gartengestaltung und Gewirr von Fuß- und Verkehrswegen total zerstörter Karlsplatz – ja, leider *nicht* mehr ausbreitet.

Da es in Wien stets auf heftigen Protest stößt, wenn irgendwo gewachsene Strukturen, alte oder auch nicht ganz so alte Häuser niedergerissen werden, ist die Gefahr, daß eines Tages der Karlsplatz doch noch einmal übersichtlich und weitblickend neu gestaltet wird, sehr gering. Wien wird nicht Chicago werden.

Mißglückte Plätze, neuralgische Verkehrsknoten oder verstopfte Ausfallstraßen gibt es schließlich in jeder Stadt. Da die meisten Straßen, Brücken oder Häuser gleich für Jahrhunderte geplant und gebaut werden, lassen sich Fehler nur schwer und unter erheblichen Kosten reparieren – wenn man denn wüßte, wie. »Jeder Stadtbewohner weiß, daß die Architektur, im Gegensatz zur Poesie, eine terroristischen Kunst ist.« Wenn Hans Magnus Enzensberger mit dieser Feststellung recht hat, dann wird das wohl auch für die Schachbrettarchitektur von Chicago gelten.

In Wien hält sich der Terrorismus der Architektur glücklicherweise in Grenzen. Das hängt natürlich damit zusammen, daß man in Wien, lange bevor es Chicago gab, bereits seit Jahrhunderten prächtige Kirchen, feudale Palais und gemütliche Wohnhäuser baute. Das meiste davon blieb stehen, wurde erhalten und renoviert und wird von den Einheimischen nicht ohne Stolz den Touristen vorgeführt.

Und weil man nichts Neues dorthin bauen kann, wo schon etwas steht, das in Wien noch dazu häufig vom Bundesdenkmalamt bewacht wird, kann man auch weniger Fehler machen. Wer würde wollen oder wagen, die schöne breite Ringstraße zu verlegen oder neu zu verbauen? Beim besten Willen könnte man aus dieser den Stadtkern umschließenden Avenue keine stangerlgerade Chicagoer Allee machen. Es geht einfach nicht. Wien kann nicht Chicago werden.

Natürlich gibt es auch in Wien ein paar umstrittene Bauten, wie das kunterbunte »Hundertwasserhaus« im III. Bezirk, das viel besser in den Wurstelprater gepaßt hätte. Aber bitte, vielen Leuten gefällt es, und sogar die Wiener haben sich daran gewöhnt. Und eine Bausünde ist der von dem berühmten Maler mit lauter Erkerchen, Balkönchen und Türmchen beklatschte Betonklotz nur im ökologischen Sinn.

So betrachtet hat das alte Wien denn doch viel mehr, viel Schöneres und manchmal auch viel Lustigeres in seinem Stadtbild aufzuweisen als die Stadt am Michigansee. Eine tausendjährige Geschichte und Entwicklung lassen sich nicht in knappen 200 Jahren aufholen. Und deshalb kann Chicago auch nie Wien werden.

Ich oder ich?

»Ich möcht' mich einmal mit mir selbst zusammenhetzen, nur um zu sehen, wer der Stärkere ist, ich oder ich.« Diese Worte legt Johann Nestroy zwar dem assyrischen Feldherrn Holofernes in einer Travestie in den Mund, doch können sie ebensogut für die grundlegenden Zweifel des Wieners an sich selbst und den Dualismus seiner Seele stehen. Ist er doch lebenslang darum bemüht, alles Gegensätzliche im Geistigen und in der Wirklichkeit in einen harmonischen Zusammenklang zu bringen, ein Spagat, der ihm nicht immer, aber weit öfter als anderen nationalen Mentalitäten gelingt.

Das stete Bemühen um einen Spagat, dieses ständige Harmoniebedürfnis macht den Wiener so vielgesichtig, sein Erscheinungsbild so facettenreich. *Der Mann ohne Eigenschaften*, wie Robert Musil seinen berühmten Roman genannt hat, ist in Wahrheit ein Mensch, der über viele Talente verfügt und sich nie endgültig für eines davon entscheidet.

Besonders künstlerische Talente wachsen auf diesem Selbstzweifel der Wiener. Wieviel Beamte es da gibt, die eine Karriere als Musiker, Schauspieler oder Schriftsteller versäumen, weil sie sich nicht beherzt und mutig entscheiden können, »ein verfluchter Kerl« zu werden – wie der Handlungsdiener Weinberl in Nestroys *Jux*. Sie warten lieber auf den Zeitpunkt ihrer Pensionierung, den sie, so früh es der Staat zuläßt, ansetzen. Doch dann, wenn sie schon über fünfzig sind, werden sie alt und bequem, bringen die Energie und Konsequenz, ihr Leben noch einmal zu wenden, nicht mehr auf.

Doch gerade diese verhinderten Schauspieler, Sänger, Musiker, Dichter oder Zeichner, die – würden sie ihr Hobby zum Beruf machen, gar nicht alle Platz in der kommerzialisierten Kunstwelt fänden – sind es, die den Boden für das Wachsen und Gedeihen von Kunst und Kultur in Wien bereiten – selbst da, wo sie einer neuen Kunstströmung mit Mißtrauen begegnen, denn sie sparen dann nicht mit Kritik oder gar Ablehnung. In Wien wurde Kunst immer beachtet, erst recht, wenn sie kontrovers diskutiert wird.

Wien war immer ein Nährboden für Kunst und Künstler, von denen viele sogar aus allen Teilen Europas kamen, um sich hier niederzulassen oder einfach hängen blieben. Denn in Wien ist selbst noch eine erfolglose Künstlerkarriere angenehmer durchzustehen als in jeder anderen Stadt.

Auch die Wiener selbst können ohne ihre Stadt nicht leben, sind unglücklich, wenn sie sie länger als einen Urlaub lang verlassen müssen. Dabei haben sie ständig an den hiesigen Verhältnissen etwas auszusetzen, raunzen und schimpfen nach Lust und Laune. Verständnislos sind sie aber, wenn Fremde das gleiche tun oder bestimmte Qualitäten anderer Städte gegen Wien ausspielen. Dann heißt es erst recht: »Wien, Wien, nur du allein …«

Sie sind halt nicht leicht zu durchschauen und auf irgend etwas festzunageln. Das etwa meinte auch Hans Weigel, als er im Vorwort zu seinem Buch *Flucht vor der Größe* schrieb: »Wenn man ein Buch über Österreich veröffentlicht, riskiert man gewiß, die Zahl der divergierenden und differierenden Anschauungen über das, was unter Österreich zu verstehen sei, zu erhöhen, indem man sie endlich zu koordinieren meint.«

Und dann schreibt Weigel weiter: »Eigentlich hat es ein einigermaßen konstantes Faktum namens Österreich vor dem Ende des Ersten Weltkriegs nicht gegeben, obwohl wir bald nach dem Zweiten Weltkrieg ›Neunhundertfünfzig Jahre Österreich‹ gefeiert haben. Doch charakteristischerweise erfolgte anno 996 die erste überlieferte Nennung des Namens, indem man ein Land, eine Gegend erwähnte, die ›vulgari vocabulo ostarrichi dicta‹, die im Volksmund als Österreich bezeichnet wurde. Und auch weiterhin war der Name mehr eine Übereinkunft, eine Abkürzung, eine Umschreibung, als die Bezeichnung einer geographischen oder politischen Konstante.«

Im Jahre 1996 feierte man schließlich den 1000. Namenstag eines Staates, den es genaugenommen erst seit 1804 gibt, als Kaiser Franz den Titel und die Würde eines erblichen »Kaisers von Österreich« annahm. Oder wurde dieser Staat sogar erst 1918 geboren, als man nach dem Ende der Monarchie die »Republik Deutschösterreich« proklamierte, die wegen des Protests der Siegermächte in »Republik Österreich« umbenannt wurde?

Bis zum Jahr 1804 herrschten nämlich in Wien nur »Erzherzöge von Österreich« (inklusive der Erzherzogin Maria Theresia), die zugleich Könige von Ungarn, Böhmen, Dalmatien, Kroatien und anderer Länder, darunter übrigens auch König von Jerusalem, sowie Großherzog von Toscana, Markgraf von Mähren, Herzog von Salzburg, Steiermark und so weiter waren. Und zugleich waren sie (fast alle) bis 1806 »römisch-deutsche Kaiser«. Aber auch unter dem »österreichischen« Kaiser Franz I. blieb dieser Staat ein fragiles multinationales Gebilde aus verschiedenen Königreichen, Herzogtümern und Grafschaften. Das Erzherzogtum Österreich war davon nur ein Teil, zu dem nicht einmal das Herzogtum Salzburg gehörte.

Jahrhundertelang hatten die Wiener, die in der Metropole des zentralistisch organisierten Vielvölkerstaats lebten, keine Probleme mit dieser Ansammlung vieler Nationalitäten. Doch dann erwachte im 19. Jahrhundert in ganz Europa ein neues Nationalbewußtsein, ausgelöst durch den Usurpator Napoleon aus Frankreich. Die Folgen waren das Ende des deutsch-römischen Kaisertums, die Proklamation eines österreichischen Kaisertums und Bismarcks Zusammenschluß der deutschen Fürstentümer im Deutschen Reich.

Auch der Kaiser in Wien hatte Schwierigkeiten mit dem wachsenden nationalen Selbstbewußtsein seiner Völker, dem Zentralstaat drohte der Zerfall.

Mit dem sich abzeichnenden Niedergang der Monarchie bekam der Wiener nach und nach auch Probleme mit seiner nationalen Identität. Jahrhundertelang hatte er sich innerhalb des großen Vielvölkerstaates als »Deutscher« privilegiert sehen, sozusagen der herrschenden Klasse zugehörig fühlen können, auch wenn er persönlich keine Bedeutung und nichts zu sagen hatte, und seine Wurzeln in vielen Fällen gar nicht oder nur zu einem Teil »deutsch« waren.

Er war also deutsch – und er war schon immer Katholik, wie sein Kaiser, der für ihn ziemlich gleich nach dem lieben Gott rangierte. Auch wenn es innerhalb der Grenzen ein paar Orthodoxe, Protestanten, Juden oder Moslems gab, war Österreich doch ein durch und durch katholisches Land.

Er war also deutsch, katholisch – und er war Monarchist. Denn er wohnte ja schließlich mit dem Kaiser, der von der Hofburg aus das Reich regierte, sozusagen Tür an Tür. Wenn er wollte, konnte er seinem Monarchen bei dessen täglicher Ausfahrt seine Reverenz erweisen.

Das alles machte die Identität des Wieners aus: Er lebte in der Metropole eines Weltreiches, das privilegierte Deutsch war seine Muttersprache, sein Katholizismus war quasi Staatsreligion und der Kaiser galt ihm als Garant für die Beständigkeit seiner Verhältnisse.

Es dauerte rund hundert Jahre, da hatte die Geschichte diese Stützen des wienerischen Selbstbewußtseins zerstört. Zuerst begehrten die Ungarn, die Tschechen und andere Völker gegen die zentrale Staatsgewalt auf. Ihr Ruf nach Autonomie stellte zugleich das privilegierte Deutschtum des Wieners, das für ihn eher ein sprachliches als ein nationales war, in Frage. Sichtbares Zeichen waren 1867 der »Ausgleich mit Ungarn« und die Umwandlung in eine Doppelmonarchie. Im gleichen Jahr wurde erstmals in der neuen Verfassung »die volle Glaubens- und Gewissensfreiheit ... jedermann gewährleistet«. Die Folgen erkannten die Wiener vor allem im starken Anwachsen der jüdischen Gemeinde, die bald zehn Prozent der Einwohner ausmachen sollte.

Schließlich starb 1916 nach 68 Regierungsjahren Kaiser Franz Joseph, der diese Probleme heraufbeschworen, zugelassen und politisch nicht bewältigt hatte. Nur zwei Jahre später waren Krieg und Monarchie endgültig verloren. Die Zwei-Millionen-Stadt Wien war nicht mehr die Zentrale eines Staates von 52 Millionen Untertanen, sondern von sechs Millionen deutschsprechenden Einwohnern.

In der Zeit vor der großen Wende von 1916/18 herrschte in Wien eine Art Weltuntergangsstimmung, die noch einmal der alten Zeit zu einer ungeahnten Blüte verhalf. Gleichzeitig entstanden aus dem Widerstand gegen den drohenden Exitus neue politische und künstlerische Strömungen.

Mit dem Malerfürsten Hans Makart (1840 bis 1884) war der Historismus zur vorherrschenden Kunstrichtung geworden, der in der Architektur der Ringstraße Bedeutendes leistete. Und in der Musik führte Franz Lehár die Operette zur silbernen Hoch-Zeit. Beides kann man als Manifestationen einer – noch – heilen Welt ansehen.

Doch die Kunst ging auch schon ganz neue Wege, in denen die Verstörung und die Suche nach einem neuen Selbstbewußtsein sichtbar wurden – Inhalte, die als solche nicht immer gesehen und anerkannt wurden. Gustav Klimt, Egon Schiele oder Oskar Kokoschka setzten die Welt in ihren Bildern in neue Formen um; Joseph Matthias Hauer, Arnold Schönberg oder Alban Berg suchten abseits der gewohnten Harmonien nach neuen Zusammenhängen in der Musik; und Adolf Loos erfand die Nomenklatur eines vom Ornament befreiten Architekturstils.

Die Morgenröte einer neuen Weltsicht mitten in der Dämmerung des Weltuntergangs zeigte sich am deutlichsten aber in Literatur und Wissenschaft: Franz Kafka, Robert Musil, Hermann Broch, Franz Werfel oder Joseph Roth waren die bedeutendsten literarischen Seismographen der Zeit. Es war das Wien des Sigmund Freud, des ersten »Wiener Kreises« um den Nationalökonomen Otto Neurath, des Religionsphilosophen Martin Buber und des Journalisten Theodor Herzl, der zum geistigen Vater Israels wurde.

Fast alle Wegbereiter dieses neuen Aufbruchs waren Juden, gehörten jener Glaubensgemeinschaft an, die die katholische Identität des Wiener Selbstbewußtseins am meisten minimierten. Doch viele von ihnen waren assimiliert, fühlten sich als Österreicher oder Wiener. Einige waren sogar begeisterte Monarchisten, wie Joseph Roth, oder überzeugte Katholiken, wie Franz Werfel. Hier wurde Nestroys visionäre Selbstkonfrontation »ich oder ich« Wirklichkeit.

Es waren schließlich die neuen politischen Bewegungen, die diesem labilen Zustand von Identitätssuche und Selbstzweifel ein – zuletzt gewaltsames – Ende machten. Einerseits hatten sich gegen Ende des 19. Jahrhunderts die Sozialdemokraten zu einer Partei formiert, andererseits bekamen im Nationalitätenstreit die Deutschnationalen immer mehr Zulauf und Gewicht. Sowohl aus ideologischen als auch aus rassisch-religiösen Gründen (viele der prominenten Sozialdemokraten waren Juden) zielte alles auf eine Konfrontation, insbesondere als große Teile der Deutschnationalen sich nach 1933 dem Nationalsozialismus zuwandten.

Die politischen Veränderungen von der Ersten Republik zum Ständestaat und schließlich zum »Anschluß« an Nazi-Deutschland sind nicht zuletzt durch den vorangegangenen Identitätsverlust erklärbar. Erst nach 1945 bekam dieses Land die Chance, ein eigenständiges österreichisches Nationalbewußtsein zu entwickeln.

Ich oder ich, das war in der Ersten Republik eine schwer zu beantwortende Frage. In Wien sprach man deutsch, und doch war diese Stadt über Jahrhunderte der Schmelztiegel vieler Nationalitäten gewesen, hatte sie ethnisch wie kulturell geprägt wie keine andere Stadt Mitteleuropas.

Die Frage nach der Zugehörigkeit zur deutschen Nation entschied Alfred Polgar sehr wienerisch: »Der Österreicher ist so deutsch wie seine Donau blau ist!« Und der Österreicher, das waren damals nach Anton Kuh »zwei Millionen Wiener und vier Millionen St. Pöltener«, jene Stadt, um die die Donau einen Bogen macht und die den Wienern schon immer als tiefste Provinz galt. (Ob sich das ändert, nachdem St. Pölten neuerdings zur Hauptstadt von Niederösterreich avanciert ist?)

Den Dualismus halten die Wiener noch immer für ihre adäquate Lebensform. Weil aber die Doppelmonarchie und alles, was k. u. k. war, abgeschafft wurde, erfanden sie andere Manifestationen ihres Dualismus, von der bis heute so ungeliebten, gewohnten großen Regierungskoalition zwischen den Konservativen und den Sozialdemokraten bis hin zur Doppelconference im Kabarett »Simpl«, die 1919 von Fritz Grünbaum und Karl Farkas erfunden wurde. Sogar der byzantinische Doppeladler, 1433 von den römisch-deutschen Königen zum Wappentier erkoren und 1804 von Kaiser Franz I. sofort wieder für die österreichische Kaiserkrone reklamiert, feierte 1934 im Ständestaat noch einmal Auferstehung.

Der von Dollfuß begründete Ständestaat war nicht zuletzt auch der untaugliche Versuch einer eigenständigen (eigenständischen?) österreichischen Regierungsform, doch ihm fehlte die Grundlage eines österreichischen Nationalbewußtseins, ganz abgesehen davon, daß es ihm sowohl an Stärke und Überlebenskraft als auch an einer demokratischen Legitimation gebrach.

Erste Anzeichen eines österreichischen Nationalbewußtseins gab es ausgerechnet in der Zeit, als es Österreich *nicht* gab, zwischen 1938 und 1945. Es war eine der Triebfedern des österreichischen Widerstandes. Auch im Konzentrationslager Dachau begegneten sich damals konservative und sozialistische Politiker, und aus den einst so erbitterten Feinden wurden nun Patrioten, die nach dem Krieg gemeinsam die Zweite Republik gründeten.

Heute ist der Patriotismus in der zwiespältigen österreichischen Seele tief verankert. Zwar haben sich in einer Volksabstimmung zwei Drittel aller Österreicher für die Mitgliedschaft in der Europäischen Union entschieden, doch gleichzeitig wächst die Angst vor einer Überfremdung in dem kleinen Land. Das Mißtrauen gegen Ausländer richtet sich zwar vorwiegend gegen Nicht-EU-Bürger, aber die Angst, in der EU liebgewordene Gewohnheiten, Gebräuche oder Gesetze (geschriebene wie ungeschriebene) nicht behalten zu dürfen, ist ebenso groß. Welche Konsequenzen wird die Abschaffung des Schillings und die Einführung einer gemeinsamen EU-Währung haben? Stolz ist man dagegen, daß das Design des neuen Geldes von einem heimischen Künstler stammt. Soll man nun gegen oder für Euro und Cent sein? Ich oder ich?

Alles Walzer!

Das Land mitten in Europa ist mit seinen knapp acht Millionen Einwohnern eher klein. Auch seine Hauptstadt ist kleiner geworden, denn in Wien leben nicht mehr ein Drittel, sondern nur noch 20 Prozent der Gesamtbevölkerung. Das Große lieben die Wiener nicht sehr, sie mißtrauen der Dimension »groß«. Groß sind einzig und allein die Vergangenheit und die Tradition. Auch das Bedeutende, das Herausragende ist immer etwas Vergangenes. Und weil der »große Wurf« unter diesen Voraussetzungen in Wien nie gelingen kann, gibt es in allen Bereichen viele Provisorien, die man auch als Kompromisse zwischen Idee und Verwirklichung sehen kann.

Die Traditionen sind das Korsett für das labile Lebensgefühl der Wiener. Sie beschützen sie vor jeder Form von Extremismus, vor Größenwahn und vor der Verzweiflung über die Sinnlosigkeit des Lebens, vor kleinlichem Geiz und maßloser Verschwendungssucht. Andererseits schränkt ein Korsett die Bewegungsfreiheit ein. Den daraus entstehenden Mangel an Dynamik, Pragmatismus und Konsequenz gleicht der Wiener durch Intuition und seine Begabung zur Improvisation aus.

Beide Veranlagungen prädestinieren ihn zum Schauspieler und Selbstdarsteller. Der Burgschauspieler Raoul Aslan war zwar nur ein »byzantinischer« Wiener, doch die große Verehrung, die man ihm entgegenbrachte, verdankte er nicht nur seiner Darstellungskunst, sondern auch wie sehr er sich mit Wien und dessen Lebensgefühl identifizierte. Davon zeugen zahlreiche Anekdoten, die man sich noch heute gern erzählt.

In der Nazizeit war Aslan am Burgtheater eine Art »Ein-Mann-Widerstandsbewegung«. Trotzdem nahm er eines Tages eine Einladung zu einem Abendessen in der Reichsstatthalterei am Ballhausplatz an. Am nächsten Morgen berichtete er seinen Freunden: »Dieser Baldur von Schirach ist ein hochgebildeter, feiner Mann. Er empfing mich am Eingang und hob die Hand. Also tat ich desgleichen, und so schritten wir segnend durch die Räume ...«

Zweifellos hat diese Begabung für Intuition und Improvisation Wien zur bedeutendsten Musikstadt gemacht. Für diese Kunstgattung hat in Wien jeder ein Gespür und ein offenes Ohr. Wien hat nicht nur ungewöhnlich viele Komponisten und Musikinterpreten hervorgebracht, die Stadt hat sie auch aus aller Welt angezogen. Die berühmtesten Zuwanderer aus Deutschland waren Beethoven und Brahms. Besonders Brahms war ein glühender Verehrer wienerischer Musik. Und was ist wienerischer als ein Walzer von Johann Strauß? Auf einem Ball bat ihn Strauß' Frau Adele um eine Widmung auf ihrem Fächer, wie es damals üblich war. Brahms schrieb die ersten Takte des Walzers »An der schönen blauen Donau« und darunter: »Leider nicht von Johannes Brahms.«

Dieser berühmteste Walzer ist längst zur »Nationalhymne« der Wiener geworden. Er ist das erste, was der Wiener zu Beginn eines neuen Jahres hört, denn alle österreichischen Radio- und Fernsehstationen lassen ihn nach dem Mitternachtsläuten der »Pummerin«, der Glocke des Stephansdoms, erklingen. Und einige Stunden später wird der Walzer noch einmal von Wien aus in die halbe Welt übertragen, als obligate Zugabe beim Neujahrskonzert der Wiener Philharmoniker.

Bezeichnenderweise fiel dieser Walzer bei seiner Uraufführung im alten Dianasaal beim Wiener Publikum durch. Der Dianasaal war eigentlich ein Bad, und zwar die erste gedeckte Schwimmhalle Europas, zwischen 1841 und 1843 von den Architekten Förster und Etzel errichtet. Im Winter konnte sie in einen Ballsaal verwandelt werden. Hier spielten alle bedeutenden Walzerkomponisten der Zeit zum Tanz auf, von Philipp Fahrbach d.Ä. über Josef Lanner, die Mitglieder der Familie Strauß bis zu Carl Michael Ziehrer.

Neben dem Donauwalzer sicherte *Die Fledermaus* Johann Strauß für alle Zeit Unsterblichkeit. Am 5. April 1874 erlebte diese Operette im Theater an der Wien ihre Uraufführung.

Elf Monate zuvor hatte ein Ereignis stattgefunden, das das wirtschaftliche und gesellschaftliche Leben Wiens bis ins tiefste Mark getroffen und verändert hatte: der »Schwarze Freitag« am 9. Mai 1873. Der Zusammenbruch des Wiener Aktienmarktes kreierte einen neuen Ausdruck, der bald in alle Sprachen übersetzt wurde: Börsenkrach, ein Wort, dessen Erfindung sowohl einem Händler aus Galizien als auch einem Journalisten aus Prag zugeschrieben wird.

Rekordernten in der Landwirtschaft, Exporterfolge, ein durch die Ringstraßenverbauung ausgelöster, nie dagewesener Bau-Boom und der extrem vorangetriebene Ausbau der Eisenbahnen hatten eine ungeheure Spekulationswelle ausgelöst und die ungesunde Wirtschaft so aufgebläht, daß es zum »großen Krach« kommen mußte. Private Spekulanten, Banken und Gesellschaften waren innerhalb weniger Stunden ruiniert. Die Folge waren eine Welle von Selbstmorden und ein Ansteigen der Preise. Der Feuilletonist Ferdinand Kürnberger schrieb:

»Und da sage man noch, daß der Freitag ein Unglückstag ist: Die Börse brach unter der Überlast ihrer Verbrechen zusammen. Seit gestern können ehrliche Leute wieder über die Straße gehen, und Menschen, welche arbeiten, werden nicht mehr Dummköpfe genannt. Seit gestern heißt ein Dieb wieder Dieb und nicht mehr Baron. Nie hat ein schöneres Gewitter eine verpestetere Luft gereinigt.«

Kaum ein Jahr später brachte *Die Fledermaus* die Geschichte um einen Katzenjammer nach einer rauschenden Ballnacht auf die Bühne. Das traf genau den Nerv der Zeit. Dazu noch die Peinlichkeit, daß der angesehene Herr von Eisenstein ins Gefängnis muß. Daß aber Eisenstein statt ins Gefängnis sich lieber auf einen Ball schleicht, wo man im Walzertakt singt »Glücklich ist, wer vergißt, was doch nicht zu ändern ist«, das ging den Wienern unter die Haut.

Die Aufführung war ein unbestrittener Publikumserfolg. Auch die Kritik war voll des Lobes für die Musik und die effektvolle Inszenierung. Das für die damalige Zeit gewagte Libretto von Richard Genée führte entlarvend die vordergründige Heuchelei und hintergründige Frivolität der Wiener Gesellschaft vor. Einige Kritiker reagierten pikiert, und das *Neue Fremdenblatt* entrüstete sich: »Ein starkes Stück Frivolität muß man freilich mit in Kauf nehmen; wenn z.B. ein fremder Mann in Gegenwart der von ihm verehrten Frau den Rock auszieht und sich in den Schlafrock des ausgegangenen Hausherrn wirft, oder wenn ein ordentlicher Gentleman auf dem Maskenballe dicht an den Busen seiner Dulcinea geschmiegt, mit der Uhr ihre Herzschläge abzählt, so finden wir das mehr gemein als pikant.«

Längst ist die Zeit über derlei Einwände hinweggegangen.»Die *Fledermaus*«, stellte nach der Premiere der Hofoperndirektor Felix von Weingartner fest,»ist nicht die beste Operette. Sie ist *die* Operette!« Deshalb steht sie nicht nur in Wien, sondern in vielen Opernhäusern der ganzen Welt regelmäßig am 31. Dezember jeden Jahres auf dem Programm. Denn wer möchte nicht am letzten Tag eines alten Jahres – mit der Aussicht auf ein neues – glücklich vergessen?

In Wien wird sie zu Silvester natürlich in beiden großen Musikhäusern gegeben, in der Staatsoper und in der Volksoper. Die Karten für diesen Abend sind bestellt, bevor man die Besetzung kennt. Von dieser interessiert am meisten, wer den Gefängniswärter Frosch spielt. Seit Jahrzehnten wird diese Sprechrolle traditionell mit einem bekannten Komiker besetzt. Und inzwischen lassen sich auch anderswo beliebte Schauspieler diese Paraderolle nicht entgehen.

Die Wiener lieben ihre Staatsoper, die schon lange nicht mehr eine »versunkene Kiste«, sondern eine ihrer Visitenkarten ist, die sie so oft wie möglich in der ganzen Welt verteilen. Hier sitzt Abend für Abend im Orchestergraben eine weitere Visitenkarte: die Wiener Philharmoniker, die viele – insbesondere die Wiener selbst – für das beste Orchester der Welt halten.

Die Tatsache, daß ein heute weltberühmtes Orchester zugleich auch allabendlich im Orchestergraben einer Oper, und sei es auch die ebenso berühmte Wiener Staatsoper, sitzt, erklärt sich – wie immer in Wien – aus der Tradition. Als der Hofopernkapellmeister Otto Nicolai am 28. März 1842, dem Ostermontag, im k. k. Großen Redouten-Saal das erste philharmonische Konzert gab, rekrutierte er seine Musiker aus der Hofopernkapelle. Aufgrund der Statuten, die sich die Musiker dabei für ihre Konzerttätigkeit gaben, gilt 1842 als das Geburtsjahr der Wiener Philharmoniker.

Wollten die Philharmoniker ursprünglich vor allem die Macht der Musik beweisen, so demonstrieren sie heute auch die Macht eines Orchesters: Noch nie in den mehr als 150 Jahren ihres Bestehens hat diese Vereinigung eine weibliche Musikerin in ihrem erlauchten Kreis aufgenommen; und als Gesetz gilt auch, daß sich dieses Orchester seine Dirigenten selbst auswählt. Das hat nichts mit Konsequenz oder Pragmatismus zu tun, sondern es ist die in den Statuten festgehaltene Tradition. Daß es heute auch hervorragende Musikerinnen gibt, konnte bisher daran nichts ändern.

Allerdings mußte das Orchester in der Nazizeit hier und da Kompromisse akzeptieren, als eine ganze Reihe seiner Dirigenten emigriert waren und in Wien nicht mehr auftreten durften. Als sie einmal unter einem jungen unbekannten Dirigenten spielen sollten, wurde ein Orchestermitglied gefragt: »Was dirigiert denn der Neue heute abend?« Die Antwort war lakonisch: »Was der dirigiert, weiß ich nicht. Wir spielen jedenfalls die Neunte von Beethoven.«

Die Mitglieder der Wiener Philharmoniker könnten jeder für sich auch als Solist bestehen, und viele von ihnen treten auch als solche auf. Sie spielen Schubert und Beethoven, Verdi und Puccini, Wagner und Schönberg mit der gleichen Intensität und Perfektion. Unschlagbar sind sie, wenn sie Mozart interpretieren und einmalig bei Joseph Lanner und Johann Strauß. Das gilt auch für einen anderen ihrer Lieblingskomponisten: Richard Strauss, der ihnen zu ihrem hundertsten Geburtstag das Kompliment machte: »Die Wiener Philharmoniker preisen, heißt Geigen nach Wien tragen …«

Mit Wien und der Oper war der Bayer Richard Strauss aufs engste verbunden. 1882 kam er das erste Mal nach Wien, wo im Bösendorfersaal sein Violinkonzert uraufgeführt wurde. Auch seine erste Oper, *Feuersnot*, wurde 1902 an der Wiener Hofoper uraufgeführt. Fast alle Libretti seiner Opern stammten von Wienern, allein sechs – von *Elektra* bis *Arabella* – von Hugo von Hofmannsthal. 1919 übernahm er gemeinsam mit Franz Schalk für fünf Jahre die Direktion der Staatsoper.

Überragende Bedeutung kommt der Wiener Oper aber nicht nur im Musikleben der Stadt zu. Einmal im Jahr, am letzten Donnerstag der Faschingszeit, findet hier der Höhepunkt des gesellschaftlichen Lebens statt. An diesem Abend werden für den Opernball Zuschauerraum und Bühne in einen riesigen Tanzsaal verwandelt. Das Ereignis hat zudem auch politische Bedeutung als »Staatsball«, an dem der Bundespräsident und die gesamte Regierung teilnehmen, eine offizielle Veranstaltung, wie sie kein anderer Staat aufzuweisen hat. Dementsprechend sind Frack, Orden und Ballrobe vorgeschrieben.

Die Tradition des Wiener Opernballs – und daher erklärt sich sein politischer Anstrich – geht auf die Hofbälle des Kaiserhauses zurück, die gewöhnlich im Dezember, also in der Adventszeit, stattfanden. Als aber die Kirche immer heftiger gegen ein Tanzvergnügen in der Hofburg ausgerechnet in der besinnlich heiligen Vorweihnachtszeit protestierte, verzichtete man schließlich auf das offizielle Ballereignis. Dafür wurde am 11. Dezember 1877 in der acht Jahre zuvor eröffneten k. k. Hofoper eine öffentliche Tanzveranstaltung als Opernsoirée angesetzt. Diese »Soirée« gilt heute als der erste Wiener Opernball.

Am 18. Jänner 1878 berichtete die *Leipziger Illustrirte Zeitung* über das gesellschaftliche Ereignis: »... der projectirte Opernball verwandelte sich in eine Opernsoirée, die sich dann ihrerseits, wenn auch ohne oficielle Tanzordnung, in einen regelrechten Opernball zurückmetamorphosirte. Dabei fanden das Kirchenregiment, das sein Princip gewahrt sah, und das wiener Blut, dem die Tanzmusik in die Glieder fährt, gleichmässig ihre Rechnung.« Wieder einmal hatte man eine echt österreichische Lösung gefunden, die alle zufriedenstellte.

Am 2. März des folgenden Jahres fand dann die erste »Redoute« in der Oper statt, jener Vorläufer, auf den sich die Tradition des Wiener Opernballs in der Republik stützen sollte. Der erste republikanische Opernball fand am 26. Januar 1935 statt, als die Erste Republik bereits zum Ständestaat mutiert war. Zu dem glanzvollen Ereignis erschienen 4000 Gäste und die gesamte Regierung unter Bundeskanzler Kurt Schuschnigg. Auf den nächsten Opernball mußten die Wiener dann allerdings 21 Jahre warten. Zuerst waren die Zeiten zu schlecht, dann gab es kein Österreich, das einen Staatsball hätte veranstalten können, und 1945 brannte die Oper bei einem Bombenangriff völlig aus. Nach der Renovierung der Oper 1955 und der im gleichen Jahr wiedererlangten Staatssouveränität konnte sich Wien ab 1956 wieder das glanzvolle Ereignis eines Opernballes leisten.

Das Zeichen zum Beginn gibt der Bundespräsident, wenn er seine Loge betritt. Den Anfang bildet der Auftritt des Staatsopernballetts, dem schließlich der feierliche Einzug der Debütanten und Debütantinnen folgt. Die an den Rändern und in den Logen dichtgedrängten Gäste registrieren aufmerksam und raunend, wer denn in diesem Jahr seine Tochter oder seinen Sohn in die Gesellschaft einführt. Die jungen Herren im Frack mit weißen Handschuhen und die Mädchen im weißen Kleid mit dem Krönchen formieren sich zur Polonaise, die sie seit Wochen mit Fleiß und Schweiß geübt haben. Das Ende der Balleröffnung wird endlich durch den ersten Walzer eingeleitet. Er gehört den Debütanten, die ihn allesamt linksherum tanzen müssen. Dann bricht das Orchester ab, und in die erwartungsvolle Stille ertönt die Aufforderung des Tanzmeisters:

»Alles Walzer!«

Es ist ein Ruf wie ein Befehl. Der Ball ist eröffnet. Das Leben beginnt wieder. Und es beginnt mit einem Walzer. Ist nicht das ganze Leben ein einziger Walzer?

Der Autor:

Bartel F. Sinhuber, geboren 1938 in Koblenz, studierte Literatur- und Kunstgeschichte in Hamburg, Freiburg, München und Graz. Der Lektor, Regisseur, Literatur- und Theaterkritiker übersiedelte 1979 nach Wien. Seither beschäftigt er sich intensiv mit dieser seltsamen Stadt und hat bereits eine ganze Reihe Bücher über deren verschiedene Merkmale veröffentlicht, u. a.: »Der Wiener Heurige« (1980), »Guten Morgen, Österreich« (1988), »Die Fiaker von Wien« (1992), »Die Wiener Kaffeehausliteraten« (1993).